SAGENHAFTES SCHLESWIG-HOLSTEIN

Sagen, Bilder und Geschichten aus dem Land zwischen den Meeren und aus Hamburgs Elbvororten

Uwe Steffens

EILAND

Inhalt

SCHLESWIG - HOLSTEIN
und seine sagenhaften Regionen

Generalkarte der
Herzogtümer Schleswig, Holstein
und Lauenburg, den Fürstentümern
Lübeck und Ratzeburg und den freien
und Hansestädten Hamburg und Lübeck
1858 Hauptmann F. Geerz

Einleitung

So vielfältig wie die Landschaften Schleswig-Holsteins, so reichhaltig ist auch deren Sagenschatz. Sagenhafte 1600 Erzählungen aller Art sind hier, im Land zwischen den Meeren und und aus Teilen Hamburgs, überliefert. Ein Land, das sich bis zur dänischen Grenze erstreckt und einst selbst Teil Dänemarks war. Am häufigsten finden sich Sagen über Hexen und die Auswirkungen der schwarzen Kunst (S. 216). In vielen Geschichten müssen Tote die Sünden eines frevelhaften Lebens büßen und als Spukgestalten umhergehen, bis sie vielleicht eines Tages durch einen Menschen, der reinen Herzens ist, Erlösung finden (S. 224). Hochmut kommt vor dem Fall und Übermut tut selten gut, denn so etwas bestraft Gott – oder es holt gleich der Teufel den Sünder. So sind viele Sagen christlich geprägt und zeigten den Menschen damals, was denen widerfährt, die den rechten Weg verlassen und durch Habgier, Meineid oder Unrecht gegenüber anderen Gott erzürnen (S. 154). Da geht es in vielen Geschichten recht grausam zu, und ein Leben wird nur selten verschont (S. 58). Im Gegensatz zum Märchen erhebt die Sage den Anspruch auf Wahrheit und bezieht sich auf historische Daten, Personen oder auf konkrete Orte, an denen das Geschehen stattfand. Oft wird auch auf Menschen verwiesen, die das alles erlebt haben sollen oder von anderen davon gehört haben.

Als erster sammelte der aus Marne in Dithmarschen stammende Germanist Karl Müllenhoff (1818-1884) systematisch die alten Sagen Schleswig-Holsteins und gilt als „Vater" der Volkskunde dieses Landes. Für sein Werk „Sagen, Märchen und Lieder der Herzogtümer Schleswig, Holstein und Lauenburg" (Kiel, 1845) trugen so bekannte Zeitgenossen wie Theodor Storm, der Historiker Theodor Mommsen oder der Lehrer C.P. Hansen bei. Überhaupt waren es viele Lehrer und Pfarrer, die im 19. und frühen 20. Jh. Geschichten ihrer Heimat sammelten, die Eingang in Müllenhoffs Werk fanden. An dieser Stelle sei eine kurze Übersicht der Geschichte Schleswig-Holsteins gestattet. Weitergehende Informationen zu den einzelnen Regionen finden sich auf den jeweiligen Info-Seiten zu Beginn eines jeden Kapitels.

Das zwischen der Elbe und dem Fluß Eider gelegene Holstein, einst Stammesgebiet der Sachsen, wurde im Jahre 768 von Karl dem Großen erobert und war seitdem ein Teil des fränkisch-deutschen Reiches. Im Jahre 1386 vereinigte sich das Herzogtum Holstein mit dem nördlich der Eider gelegenen Herzogtum Schleswig, das unter dänischer Oberhoheit stand. Im heute dänischen Ort Ripen wurde 1460 ein Vertrag mit Dänemark geschlossen, der den Herzogtümern zusicherte, unter dänischer Oberhoheit „op ewig ungedeelt" zu bleiben. Das Herzogtum Lauenburg wurde ebenfalls mit einbezogen, und so reichte der dänische Einfluß bis an die Elbe. So gehörte ein großer Teil des heutigen Hamburger Gebietes einst zum Herzogtum Holstein (S. 126). Einzig das Land Dithmarschen behielt bis in die Mitte des 16. Jh. seine Selbständigkeit. Nach mehreren Erhebungen und Kriegen mit Dänemark wurden die Herzogtümer im Jahre 1867 preußische Provinz, zu der bis 1937 auch Teile Hamburgs gehörten. 1919 kam per Volksabstimmung der nördliche Teil Schleswigs zu Dänemark. Am 23.8.1946 wurde das heutige Bundesland Schleswig-Holstein unter weitgehender Beibehaltung der preußischen Landkreise ausgerufen.

Da die Ursprünge der Sagen in alter Zeit liegen, folgt die Gliederung der Texte meist den historischen Landschaften, die nicht immer mit den politischen Kreisen übereinstimmen. Die Geschichten aus Mittelholstein und von der Geest beziehen verschiedene Kreise ein. Die Landschaft Stapelholm mit dem Eider- und Treenetal gehört z.B. zu Nordfriesland und teilweise auch zum Kreis Schleswig. Den Abschluß des Buches bildet die Geschichte des berühmten friesischen Freiheitskämpfers Pidder Lüng.

Am Ratzeburger See bei Groß-Sarau

Flensburg und das Land Angeln

Flensburg, Deutschlands nördlichste Stadt, hat viel schönere Punkte als die in der Verkehrsünderkartei des dort ansässigen Kraftfahrt-Bundesamtes zu bieten. Ein ganz großer Pluspunkt ist die günstige Lage an der 34 km ins Land hineinragenden Flensburger Förde, die als natürliches Hafenbecken seit jeher Schutz bot und so die Entwicklung aus frühen Siedlungen zur Stadt begünstigte. Zur Zeit der Hanse war Flensburg deren bedeutsamster Handelshafen und immer Kreuzungspunkt wichtiger Handels- und Heerstraßen. Durch den Handel mit Übersee stieg Flensburg zur „Rum-Metropole" mit fast 200 rumverarbeitenden Betrieben auf, die das importierte Halbfabrikat hier industriell weiterverwerteten. Heute destillieren noch drei Betriebe den braunen Zuckerrohrsaft. Inzwischen ist das Bier „mit dem Plopp" wohl der größte Exportschlager aus der Stadt an der Förde. Ein weiterer Glanzpunkt Flensburgs ist die schöne, sehr lebendige Altstadt am alten Hafen. Durch den Umstand, daß Flensburg als eine der wenigen deutschen Städte vom Bombenhagel des 2. Weltkriegs verschont geblieben ist, können heute viele historische Gebäude im Original bewundert werden. U. a. ist durch die Grenzlage zum Nachbarland Dänemark in Flensburg dänisches Kunsthandwerk in großer Vielfalt zu finden.

Daß dem Besucher hier vieles dänisch erscheint ist nicht verwunderlich, war das heute 88.000 Einwohner zählende Flensburg doch in seiner 700jährigen Geschichte über 400 Jahre lang ein Teil des dänischen Königreiches und erlebte während dieser Zeit seine größte Blüte. Östlich der Stadt zeugt noch ein weiteres berühmtes Bauwerk von der wechselhaften deutsch-dänischen Geschichte. Das Wasserschloß Glücksburg wurde 1582-1587 durch Herzog Johann, den jüngsten Sproß des dänischen Königs Christian III., erbaut. Der weithin von Wasser umgebene Bau ist eines der bedeutenden Schlösser des europäischen Nordens. Die Landschaft Angeln hat ihren Namen von dem hier einst siedelnden germanischen Volksstamm der Angeln, die zusammen mit den Sachsen im 5. Jh. das Britannien des römischen Reiches eroberten. Sanft gewelltes Ackerland, Wiesen und nur wenige bewaldete Hügel mit verstreut liegenden kleinen Kirchdörfern prägen das Bild dieser Landschaft. Im 11. Jh. richtete der dänische König hier eine Statthalterschaft ein und Angeln, als Teil des Herzogtums Schleswig, stand unter dänischer Oberhoheit. Nach vielen wechselnden Besitzrechten zwischen Dänemark und Schleswig beendete der Deutsch-Dänische Krieg mit der Schlacht bei Oeversee im Jahre 1864 endgültig den dänischen Einfluß. Wie alle Gegenden der Schleswig-Holsteinischen Ostseeküste ist auch der Landesteil Angeln eine Hinterlassenschaft der letzten Eiszeit, deren Gletscher hier den Boden modellierten. Die heutige Kulturlandschaft Angelns entstand mit Aufhebung der Leibeigenschaft im 18./19. Jh., als die nun freien Bauern bepflanzte Erdwälle, die sogenannten „Knicks", anlegten. Diese sollten die neuen Eigentumsgrenzen sichtbar machen und auch vor dem Wind schützen. Der Name „Knick" leitet sich vom regelmäßigen Rückschnitt, dem „knicken", ab.

Auf zwei besonders schöne Orte sei hier noch hingewiesen: Arnis, auf einer Halbinsel inmitten der Schlei gelegen, ist mit ca. 360 Einwohnern Deutschlands kleinste Stadt. Dieser alte Seefahrerort bezaubert durch seine gepflegten alten Häuschen unter hohen Lindenbäumen, die aufgereiht entlang der Hauptstraße stehen. Nicht weit entfernt liegt Kappeln, ein gemütliches Städtchen, das mächtig aufdreht, wenn von Himmelfahrt bis zum darauffolgenden Sonntag die Kappelner Heringstage gefeiert werden. Die Galerieholländer-Windmühle im Ort ist die größte ihrer Art in Schleswig-Holstein und beherbergt eines der schönsten Standesämter des Landes.

Wasserschloß Glücksburg
Der im Jahre 1587 vollendete Bau war einst Sitz der Herzöge von Schleswig-Holstein-Glücksburg und zählt zu den Hauptwerken der Renaissance

PETER POMMERING

In der Stadt Flensburg lebte vor mehreren hundert Jahren ein gar böser Mann namens Peter Pommering. Der Sohn wenig geachteter Eltern hatte einen listigen Kopf und war fleißig in Dingen, bei denen es darauf ankam, für seinen eigenen Vorteil zu arbeiten. So lernte er denn mancherlei und brachte es mit der Zeit sogar bis zum Ersten Bürgermeister von Flensburg. Das war auch damals nichts Geringes, denn Flensburg ist eine feine Stadt und treibt bedeutenden Handel und Schiffahrt. Es läßt sich aber denken, daß Peter Pommering seine hohe Würde nicht ohne allerhand Tricks und Kniffe erlangte, und die alten Chroniken der Stadt Flensburg wissen viel und mannigfaltiges davon zu erzählen. Wie dem aber auch sei, so ist gewiß, daß, sobald Peter Pommering Bürgermeister von Flensburg war, er sich gar ungebärdig aufführte und bald weit und breit als Erztyrann galt. Seine erste Handlung war, daß er einen neuen Gefängnisturm baute, nahe dem Rathaus auf dem Dingplatz am Graben. Dabei schwor er, daß das Bildnis desjenigen, welcher zuerst in den Turm kommen würde, zum ewigen Andenken an der Pforte desselben in Stein gehauen werden sollte. Er glaubte, damit irgendeinem Flensburger Stadtkinde eine große Schande anzutun.

Aber es kam anders, als Peter Pommering es sich vorstellte. Denn kaum daß Pommering den Schwur getan hatte, so brachten seine Häscher drei alte Juden ein, welche auf verbotenem Schacher getroffen worden waren, also ihre Steuern nicht zahlten. Da mußte Peter Pommering zu seinem großen Ärger diese drei alten Mauschler in den neuen Turm sperren und hernach in Stein aushauen lassen. Hier an der Pforte sind die Gesichter noch bis auf den heutigen Tag zu sehen. Darüber wurde er so grimmig, daß er eine arme Magd, welche wegen eines geringen Vergehens bald danach eingebracht wurde, ohne Urteil und Recht lebendig hinter dem Stadtgraben verscharren und ihr einen hölzernen Pfahl durch das Herz stoßen ließ. Über diese unerhörte Grausamkeit geriet ganz Flensburg in Schrecken. Das war ihm denn eben recht, und er trieb es alle Tage ärger. Gegen Weihnachten des Jahres 1595 wollte er es den selbstherrlichen Hamburger Bürgermeistern nachtun. Da ließ er einen armen Straßenjungen, der ihm beim Ballspiel aus Versehen eine Fensterscheibe eingeworfen hatte, mit dem Schwerte hinrichten. Nach dieser verachtenswerten Tat rotteten sich die Flensburger Bürger zusammen und stürmten das Haus des bösen Bürgermeisters. Als dieser keine Rettung mehr sah, erhängte er sich an seiner goldenen Mantelschnur.

Die Flensburger berichteten den Vorfall sogleich an den Statthalter nach Schleswig und dieser verordnete, daß Peter Pommering ohne Sarg und ohne Sang und Klang am Graben neben dem von ihm grausam hingerichteten Mägdelein verscharrt werden sollte. Aber Peter Pommering fand keine Ruhe im Grabe, und bis auf den heutigen Tag geht er als ein boshaftes Gespenst im Stadtgraben umher.

Viele, viele Leute haben ihn schon in der Dämmerung und um Mitternacht gesehen. Mal zeigt er sich als blaues Flämmchen über der Stelle wo er verscharrt liegt, mal als schwarzer, zottiger Pudel mit glühenden, tellergroßen Augen. Auch im Leichenhemde, mit der goldenen Mantelschnur um den Hals, hat man ihn schon gesehen. So gibt es in Flensburg das Sprüchlein: „Es muß jedem Bösen ergehen wie dem Peter Pommering“. ■

Flensburger Altstadt-Ansichten
Das 1595 erbaute Nordertor - Wahrzeichen der Stadt

Der Oluf-Samsons-Gang

Der Künstlerhof
(18. Jh.) in der Norderstraße

DAS GEISTERMAHL

Einst hatte König Friedrich III. von Dänemark eine öffentliche Zusammenkunft in Flensburg ausgeschrieben. Da trug es sich zu, daß ein dazu herbeigereister Edelmann, weil er spät am Abend anlangte, im Gasthaus keinen Platz finden konnte. Der Wirt sagte ihm, alle Zimmer wären besetzt, bis auf ein einziges großes. Darin aber die Nacht zuzubringen, wolle er ihm selbst nicht anraten, weil es darin nicht geheuer sei und Geister ihr Unwesen trieben. Der Edelmann gab seinen unerschrockenen Mut lächelnd zu erkennen und sagte, er fürchte keine Gespenster und begehre nur ein Licht. Denn damit könne er das, was sich etwa zeigen möge, besser sehen. Der Wirt brachte ihm also das Licht, welches der Edelmann auf den Tisch stellte, um sich zu versichern, daß keine Geister zu sehen waren. Die Nacht war noch nicht halb herum, als es anfing, sich im Zimmer hier und dort zu regen und zu rühren. Bald ließ sich ein Rascheln über das andere hören.

Der Edelmann hatte anfangs Mut, sich wider den aufkommenden Schrecken zu wehren. Bald aber, als das Geräusch immer stärker wuchs, wurde die Furcht Meister. So fing er an zu zittern, mochte er widerstreben wie er wollte. Nach diesem Vorspiel von Getöse und Getümmel kam durch einen Kamin, welcher im Zimmer war, das Bein eines Menschen herabgefallen. Bald darauf auch ein Arm, dann der Leib, Brust und alle Glieder, zuletzt der Kopf. Alsbald setzten sich die Teile ihrer Ordnung nach zusammen und ein ganzer menschlicher Leib, einem Hofdiener ähnlich, stand auf. Jetzt fielen immer mehr und mehr Glieder herab, die sich schnell zu menschlicher Gestalt vereinigten. Nun ging die Türe des Zimmers auf, und der helle Haufen eines vollständigen königlichen Hofstaates trat ein. Der Edelmann, der bisher wie erstarrt am Tische gestanden, eilte zitternd in einen Winkel des Zimmers, als er sah, daß der Zug sich ihm näherte, denn zur Tür hinaus konnte er vor dem Zuge nicht. Er sah nun wie die Geister mit ganz unglaublicher Behendigkeit eine Tafel deckten, alsbald köstliche Gerichte herbeitrugen und silberne und goldene Becher aufsetzten. Als das geschehen war, kam einer zu ihm gegangen und begehrte, er solle sich als Fremdling und als ihr Gast zu ihnen an die Tafel setzen und mit ihrer Bewirtung vorliebnehmen. Als er sich weigerte, ward ihm ein großer silberner Becher zum Trunk gereicht. Der Edelmann, der sich vor Bestürzung nicht zu fassen wußte, nahm den Becher, denn es schien, als würde man ihn sonst dazu nötigen. Aber als er ihn ansetzte, überkam ihn ein so Mark und Bein durchdringendes Grausen, daß er Gott laut um Schutz anrief.

Kaum hatte er das Gebet gesprochen, so waren in einem Augenblick alle Pracht, der Lärm und das ganze glänzende Mahl mitsamt den strahlenden und stolzen Geistern verschwunden. Indessen blieb der silberne Becher in seiner Hand; und auch wenn alle Speisen verschwunden waren, so blieb doch das silberne Geschirr auf der Tafel stehen. Auch das Licht, das der Wirt ihm gebracht, stand noch dort. Der Edelmann freute sich und glaubte, das alles sei ihm gewonnenes Eigentum. Allein der Wirt tat Einspruch, was sogar dem König zu Ohren kam. Der erklärte, daß das Silber dem Edelmann anheimgefallen wäre und ließ es daher zu seinen Händen fallen. Woher es gekommen war, hat man nicht erfahren können. Es waren auch nicht, wie sonst üblich, Wappen und Namen eingraviert. ■

Flensburger Hafen
Blick vom Ballastkai über die Förde auf die wunderschön gelegene Flensburger Altstadt mit der Marienkirche

Vom Scheersberg bei Quern bietet sich ein weiter Blick über die sanft gewellten Angeliter Felder und Wiesen

DER FREISCHÜTZ

Der letzte Herzog zu Glücksburg hatte einen Jäger, der, während er in des Herzogs Diensten stand, niemals ein Wild getroffen hatte. Darüber verdrossen, verabschiedete der Herzog ihn. Traurig ging der Jäger davon, nicht wissend, wie er sich nun sein Brot verdienen sollte. Er konnte gar nicht begreifen, wie es kam, daß er seit Jahren nichts mehr getroffen hatte. Früher war er doch immer ein guter Schütze gewesen!

Voll mit solchen Gedanken ging er durch das Gehölz Trimmerup, als ihm ein altes Mütterchen begegnete. Sie fragte ihn, was ihm denn fehle, und er erzählte ihr alles. „Dem ist aber leicht abzuhelfen“, sagte sie, „wenn du zum Abendmahl gehst, nimm nur die Oblate hinter dem Altar wieder aus dem Mund. Wenn du dann nach Hause kommst, hänge sie in einen Baum und schieße darauf. Danach wirst du sicherer treffen als jemals zuvor.“ Der Jäger tat, wie ihm geraten ward. Darauf ging er wieder zum Herzog und sagte, er habe sich im Schießen geübt, treffe immer und wolle gerne wieder in seinen Dienst. „Nun, so wollen wir es noch einmal versuchen“, sagte der Herzog, „nimm deine Flinte und komm mit in den Wald.“ Als sie nun über die rote Brücke bei Trimmerup gingen, sah der Herzog drei wilde Enten über sie hinwegfliegen. Er machte den Jäger darauf aufmerksam und sagte, er solle eine davon schießen. Der Jäger legte an, schoß, und ein Enterich stürzte zu ihren Füßen. Da wurde es dem Herzog unheimlich, denn bei so einem Schuß mußte der Teufel im Spiel sein. Er sagte daher zum Jäger: „Ich kann dich nicht gebrauchen, du schießt besser als ich“, und ließ ihn wieder gehen. Kurz darauf fand man des Jägers Hut unter der roten Brücke und seinen Leib gevierteilt hundert Schritte davon unter den Erlen, die nicht weit vom Wege stehen.

Blick über die Flensburger Förde von Holnisfähr nach Dänemark

DR. FAUST UND NIS

Dr. Faust hat einmal den Nis, einen Kobold, in seinen Diensten gehabt. Er fuhr mit ihm in einem gläsernen Kasten an den Küsten entlang, um alle Tiefen und Untiefen auszuspähen. Alles, was er so durch seinen Glaskasten erspähte, hat er aufgenommen und zu Papier gebracht. Die Seekarten, die von den Kapitänen und Steuermännern gebraucht werden und worauf alles eingezeichnet ist, sind Dr. Faust zu verdanken. Als sie eines Tages an die Fährstelle am Eingang des Flensburger Hafens kamen, wäre das gläserne Schiff beinahe auf Grund gelaufen. Da rief Dr. Faust: „Hol, Nis!“ Der Nis sollte nämlich nicht weiterfahren und das Schiff zum stehen bringen. Seit jenem Tag heißt nun der Ort „Holnisfähr“.

Der Fährhof in Holnisfähr

DIE MUNKBRARUPER KIRCHE

Ein Baumeister hatte den Auftrag übernommen, die Munkbraruper Kirche bis zu einem festgelegten Zeitpunkt zu erbauen. Bald sah er sich jedoch außerstande, die Frist einzuhalten. Mißmutig ging er eines Abends umher und grübelte, was er wohl machen könne. Da kam ein kleines Männlein auf ihn zu und bot seine Dienste an. Der Baumeister hörte anfangs noch ungläubig den großprahlerischen Reden des Kobolds zu. Endlich wurden sie sich aber doch einig, daß der kleine Mann in der bis zum Abgabetermin verbleibenden Zeit die Kirche fertig bauen sollte. Der Baumeister hingegen sollte bis dahin ausfindig machen, welchen Namen das Männlein wohl trüge. Wenn ihm das nicht gelänge, so sollte er mit Leib und Seele dem Kobold gehören.

Froh ging der Baumeister heim, denn er dachte: „Will er mir nicht selbst seinen Namen sagen, so werde ich diesen aus seinen Helfern herauslocken". Aber es ging anders als er dachte, denn der kleine Mann brauchte keine Helfer. Alles vollbrachte er alleine in der Nacht, mit unglaublicher Behendigkeit. Am Tage, an dem der Bau fertig werden sollte, wußte der Baumeister noch immer nicht den Namen des Kleinen. Traurig wie zuvor wanderte er wieder umher. Als er nun an einem Hügel vorbeikam, hörte er unter der Erde ein Kind weinen. Er blieb stehen und lauschte. Da hörte er, wie die Mutter sagte: „Schweig still, du Ding! Heute abend kommt dein Vater Sipp und gibt dir Christenblut zu trinken". Da wurde der Baumeister froh, denn er wußte nun, daß Sipp der Name des Kobolds war. Er eilte zur Kirche, wo der kleine Mann gerade den letzten Stein in die Mauer fügen wollte, und rief ihm schon von ferne zu: „ Guten Morgen, Sipp! Guten Morgen, Sipp! Setze nur ein den letzten Stein!" Da wurde der Kobold rasend vor Zorn, als er seinen Namen hörte. Er warf den letzten Stein, den er eben einsetzen wollte, fort und fuhr in seine Höhle. Das Loch, welches noch in der Kirchenmauer blieb, hat man niemals dichtmachen können. Ein Maurer, der es einmal auszumauern versucht hat, wurde hierauf sterbenskrank. Später setzte man in das Loch ein Fenster ein; das ließ der Kobold unangetastet.

Kirchenansichten in Munkbrarup

Am Sankelmarker See bei Oeversee
Nahe des Sees verläuft der Ochsenweg,
eine uralte Handels- und Heerstraße

DER GALGEN FÜR DIE UGGELHARDE

An der Landstraße, die von Flensburg nach Schleswig führt, sah man am Ende des 18. Jahrhunderts in der Nähe des Dorfes Oeversee noch die Reste eines Galgens. Der Letzte, der hier durch die Hand des Henkers den Tod gefunden hat, soll ein Kätner – also ein Kleinbauer – aus dem Dorf Sieverstedt gewesen sein. Als dort eines Morgens der Küster zur außerhalb des Dorfes gelegenen Kirche kam, fand er die Kirchentür aufgebrochen vor. Vor der Tür lag der Hund eines in der Nähe wohnenden Kätners. Einige Nachbarn wurden herbeigerufen, und man ging zusammen in die Kirche. Hier fand sich die Kiste der Kollekte aufgebrochen und ihres Inhalts beraubt. Daneben lagen Keil und Hammer, die man sofort als Eigentum des Kätners erkannte, dessen Hund vor der Tür lag. Da der Mann also stark verdächtig war, wurde er gefangengenommen und peinlich verhört. Unter den Qualen der Folter gestand er, die Tat vollbracht zu haben. Er wurde verurteilt und gehenkt. Viele Jahre später ging bei dem Sieverstedter Pastor ein Brief aus Amerika ein. Ein Amtsbruder teilte ihm die letzte Beichte eines Verstorbenen mit, welcher der Sohn des Küsters in Sieverstedt gewesen war. Als Student war dieser wegen dummer Streiche von der Universität verwiesen worden. Um an Geld für die Fahrt nach Amerika zu kommen, hatte er dem Kätner Keil und Hammer gestohlen und damit den Kollektenblock der Sieverstedter Kirche aufgebrochen. ■

Die Kirche St. Georg in Oeversee aus dem 12. Jh. ist eine dänische Gründung; ihr mächtiger Rundturm war einst Teil eines Systems von Wehrtürmen im ganzen Land.

Windmühle Hoffnung in Nübelfeld bei Quern
Malerisch erhebt sich der reetgedeckte, 1841 erbaute Erdholländer über dem leuchtend gelben Raps

Frühherbstliche Angeliter Knicklandschaft bei Quern

DIE DREI ALTEN

In der Landschaft Angeln im Herzogtum Schleswig, da leben noch Leute, die sich an eine Erzählung erinnern, die von dem vor einiger Zeit verstorbenen, durch mehrere gelehrte Arbeiten bekannt gewordenen Pastor Oest stammen soll. Nur weiß man nicht, ob die Sache ihm selbst oder einem benachbarten Prediger passiert war. Mitten im 18. Jahrhundert geschah es, daß der neue Prediger die Gemarkung seines Kirchsprengels umritt, um sich mit dessen Verhältnissen genau bekannt zu machen. In einer entlegenen Gegend stand ein einsamer Bauernhof, und der Weg führte hart am Vorhof der Wohnung vorbei. Auf der Bank vor dem Haus saß ein Greis mit schneeweißem Haar und weinte bitterlich. Der Pfarrer wünschte ihm einen guten Abend und fragte, was ihm fehle? „Ach“, gab der Alte zur Antwort, „mein Vater hat mich so geschlagen.“ Befremdet band der Prediger sein Pferd an und trat ins Haus. Dort begegnete ihm auf dem Flur ein Alter, der noch viel greisenhafter als der erste war. Dieser war von erzürnter Gebärde und heftiger Bewegung. Der Prediger sprach ihn freundlich an und fragte nach der Ursache seines Zürnens. Der Greis sprach: „Ei, der Junge hat meinen Vater fallen lassen!“ Damit öffnete er die Stubentüre; der Pfarrer verstummte vor Erstaunen und sah einen vom Alter ganz zusammengedrückten, aber noch rührigen Greis im Lehnstuhl hinterm Ofen sitzen.

Angeliter Bauernhof bei Sterup

Der Südensee bei Sörup

LEBENDIG BEGRABEN

Um das Jahr 1655 feierte ein Hufner – also ein Großbauer – in Osterholm bei Sterup seine Hochzeit. Beim Hochzeitsmahl verschluckte sich die ihm eben angetraute Braut an einem Kloß und galt bald als tot. Da es ein heißer Sommer war, wurde sie, wie oft üblich, in ihrem Sarg schon am Abend vor dem Tage der Beerdigung auf dem Kirchhof in Sterup in das Grab gesenkt, das vorläufig mit Brettern zugedeckt wurde. In der Nacht kamen nun zwei Steruper, um die Leiche ihres goldenen Fingerringes und ihrer goldenen Ohrringe zu berauben. Es machte ihnen Mühe, den Ring abzukriegen und sie äußerten, die Ohrringe würden sie einfach ausreißen. Die Begrabene aber war gar nicht tot und hörte alles, konnte sich aber nicht regen. Man richtete sie im Sarge auf und gab ihr, als sie zurücksank, einen Stoß in den Rücken mit den Worten: „Du warst widerspenstig im Leben und bist es noch im Tode". Da flog der Kloß aus ihrem Hals und die Scheintote regte sich. Die entsetzten Diebe flohen und ließen Brecheisen und eine Zange zurück. Die Totgeglaubte ging nun in ihrem Leichengewande während der Sommernacht zum Haus ihres Mannes in Osterholm, pochte an die Haustür und rief leise. Der Hufner erkannte ihre Stimme, erschrak und holte seinen Knecht. Dieser machte gleich die Tür auf und sprach: „Ist es die Tote, so können wir ihren Geist doch nicht draußen halten. Ist sie aber lebendig, so hat es ja keine Not". Sie aber gab dem Knecht die Hand und sprach einige beschwichtigende Worte. Da rief der Knecht: „Die Hand ist warm, sie lebt!" So hat die Frau noch fünf Jahre mit ihrem Manne gelebt und zwei Kinder gehabt. Sie ist aber immer sehr bleich und ernst geblieben, und jedesmal, wenn jemand beim Essen lachte, hat sie ihn gerügt und gesagt: „Denkt an mein Schicksal".

Frühling auf Satrupholm

GEISTERBANNER AUF SATRUPHOLM

Der Herr von Zago auf Schloß Satrupholm war ein gewalttätiger Unhold, ebenso grausam gegen seine Dienstboten wie gegen seine Frau. Als er starb, fand sein unseliger Geist keine Ruhe im Jenseits. Gleich nach seinem Tode ging ein unheimliches Poltern und Rumoren im Schlosse an. Das Gespenst tobte in allen Räumen umher, schlug und quälte die Schlafenden und schreckte die zitternden Bewohner des Schlosses allabendlich, kaum daß sich die Dämmerung niedergesenkt hatte. Nach einiger Zeit berief man einen berühmten Prediger aus Adelby bei Flensburg, dem es früher schon mehrere Male geglückt war, Geister zu bannen. Er versprach, auch auf Schloß Satrupholm Ruhe zu schaffen. Gegen zwölf Uhr nachts begab sich der Geisterbanner mit der Bibel unter dem Arm in das Zimmer, wo sich der Spuk immer zuerst zeigte. Als die Uhr zwölf geschlagen hatte, ließ sich sofort ein schallendes Gelächter vernehmen und der Geist trat in den Raum. Der Prediger öffnete die Bibel und las die Seiten laut vor, die sonst von Erfolg gewesen waren. Aber das Gespenst schritt auf ihn zu und schlug ihm das Buch aus der Hand. Der Geistliche mußte froh sein, noch mit heiler Haut davonzukommen. Das spukhafte Wesen trieb es im Schloß danach doppelt so arg. Man war nahe daran, das Gebäude ganz zu verlassen, als sich noch eben zur rechten Zeit Hilfe einstellte. Eines Abends kam ein Student der Theologie im Wirtshaus von Satrup an und bat um Nachtquartier. Nach einigen Ausflüchten gewährte der Wirt dem Studenten seine Bitte. Unter den übrigen Gästen kam bald die Rede auf den Spuk, und einer erzählte genau, was bisher alles geschehen war. Der Student hatte aufmerksam zugehört. Er erbot sich sogleich, den Spuk zu bannen. Man führte ihn auf das Schloß und in das gleiche Zimmer, in dem der Prediger vor kurzem an dem durchtriebenen Geist gescheitert war. Bald erschien das Gespenst. Der Student, die Bibel in der Hand, erteilte ihm erst eine lange Strafpredigt und stellte ihm alle seine Schandtaten vor. Darauf erwiderte der Geist, wer sich zum Strafprediger erhöhe, müsse selbst rein sein. Er, der Student, habe einmal beim Bäcker Semmeln geholt, sei aber ohne zu bezahlen davongegangen. Der Student griff aber sogleich in die Tasche und warf dem Geist den schuldigen Groschen zu, worauf dieser schweigen mußte. Nun hielt der junge Mann das Heilige Buch hin und forderte das Gespenst auf, ihm die Bibel aus der Hand zu schlagen. Der Geist war aber nicht mehr imstande, dies zu tun und mußte sich für überwunden erklären. Nur eine Bitte brachte er noch vor, nämlich unter der Zugbrücke wohnen zu dürfen. Doch dieser Wunsch fand kein Gehör, denn das Gespenst hätte hier die Vorübergehenden ständig belästigt. Das wollte der Geisterbanner vermeiden. Es wurde also eine große, hohle Buche nördlich des Schlosses als Verbannungsort ausersehen. Der Kutscher war schon bereit, Geist und Geisterbanner dort hinzufahren, als dieser dem Wagenlenker vorerst noch befahl, das Hinterrad abzuziehen und in den Wagen zu werfen. In vollem Galopp ging es dann zum hohlen Baum, und der Geist mußte bis dahin die Achse, an welcher das Rad fehlte, tragen. Am Ziel angelangt, befahl der Student dem Gespenst, schnell in den Baum hineinzufahren.

Seit der Zeit war Ruhe im Schloß. Viele Jahre später wollte ein neuer Schloßherr, allem Widerraten zum Trotz, den gefährlichen alten Baum fällen lassen. Aber die Knechte kamen bald wieder zurück und meldeten, daß keine ihrer Äxte in den steinharten Baum dringe. Da erbot sich der Schmied in Ausacker, die Beile zu schärfen. So gelang es, den Baum zu fällen. Kaum aber stürzte er, als eine ungeheure Schar von Uhus und Eulen herbeigeflogen kam und ihr Geschrei und Gekrächze lange die Luft erfüllte. Im Schloß aber hat sich der Spuk nie mehr gezeigt, und man weiß auch nicht, wohin der Geist aus dem gefällten Baum entwichen ist.

Hohle Buche im Wald

Leuchtturm Falshöft bei Gelting, Geltinger Bucht
Hinter vom Wind geformten Bäumen steht der rot-weiße Turm, in dessen Hochzeitszimmer der Bund für's Leben geschlossen werden kann

ULSNIS UND RIESEBY

An der Schlei, wo heute das Dorf Ulsnis im Lande Angeln steht, lebte einst ein mächtiger Riese. Er war schon sehr alt, und darum wurde er nur der „Alte“ genannt. Der Riese hatte einen Sohn, der noch größer war und unbändige Kräfte besaß. So kam es, daß der Sohn seines Vaters überdrüssig wurde und ein eigenes Reich gründen wollte. Er watete durch die Schlei und siedelte sich in der Gegend des heutigen Ortes Rieseby in Schwansen an. Häufig gerieten die beiden in Streit und bewarfen sich über das Wasser hinweg mit Felsbrocken. Eines Tages begann der Alte eine Kirche zu bauen. Sein Sohn sah ihm argwöhnisch vom anderen Ufer der Schlei aus zu. Das Werk des Alten forderte ihn heraus, denn er wollte dem Vater in nichts nachstehen. Auch er begann mit dem Bau einer eigenen Kirche, die viel größer war und deren Turm in den Himmel ragte. Als der Alte das Werk sah, wurde er zornig, und wieder gerieten beide in Streit. In blinder Wut sammelten sie die größten Felsen von den Feldern und schleuderten sie sich gegenseitig zu. Bald waren die schönen Kirchen zerstört und das Land drumherum verwüstet. Mit ihren letzten und gewaltigsten Felsen schmissen sich die beiden Riesen daraufhin tot. Der Alte stürzte mit dem Kopf in die Schlei, wodurch sich die Halbinsel Nis am Gunnebyer Noor bildete. Später nannte man den Ort dann nach dem Alten, Ulsnis. Der Ort, an dem sein Sohn hauste, wurde Rieseby genannt. ■

In Arnis an der Schlei
In Deutschlands kleinster Stadt geht's gemütlich zu

Die Kappelner Heringszäune in der Schlei stammen aus dem 15. Jh.

Schleswig, die Schlei und die Landschaft Schwansen

■ Schon aus der Ferne grüßt der 112 m hohe Turm der Hallenkirche St. Petri über die Schlei und weist den Weg nach Schleswig. In ihrem Inneren beherbergt sie einen besonderen Schatz: den Bordesholmer Altar, der in den Jahren 1514-1521 von dem Künstler Hans Brüggemann ganz aus Eichenholz geschnitzt wurde. Der Altar zählt zu den großen Kirchenkunstwerken Europas. Eigentlich für die Klosterkirche Bordesholm vorgesehen, fand der Altar im Jahre 1666 seinen Platz in St. Petri. Der Bordesholmer Altar ist der größte Schnitzaltar aus jener Zeit, der in Deutschland in seinem ursprünglichen Zustand erhalten blieb. Von St. Petri ist es nicht weit zum Holm, einer alten Fischersiedlung, in der die Zeit stillzustehen scheint. Schmale Kopfsteinpflastergassen mit reetgedeckten Häuschen aus dem 18.-19. Jh., rosenumrankt, mit kleinen bunten Gärtchen, künden von vergangenen Tagen. Die Stadt Schleswig war einst der Sitz der Herzöge von Schleswig-Gottorf, die hier im Schloß Gottorf residierten. Heute hat das Schleswig-Holsteinische Landesmuseum hier seinen Sitz und zeigt eine eindrucksvolle Sammlung zur Vor- und Frühgeschichte des Landes. Kunst- und Kulturgeschichte sind ebenso umfangreich vertreten. Nicht weit entfernt, am Haddebyer Noor, liegt das 1985 eröffnete Wikingermuseum Haithabu. Zur Wikingerzeit befand sich hier eine der wichtigsten Wikingersiedlungen.

Von der Lotseninsel an der Ostseeküste über Kappeln bis zur Stadt Schleswig erstreckt sich landeinwärts das blaue Band der Schlei, im Norden von der Landschaft Angelns, im Süden von der Schwansens umgeben. Inmitten sanfter Hügel und weiter Felder finden sich einsame, schilfbewachsene Ufer, stille Buchten und verträumte Dörfchen, und reetgedeckte Katen zeugen von vergangenen Tagen. Wirkt die Schlei an ihrer schmalsten Stelle bei Missunde mit 135 m Breite noch wie ein Fluß, so hat sie bei Louisenlund in der „Großen Breite" mit 4 km den Charakter eines Sees. Die Schlei ist mit 42 km die längste der sechs Ostseeförden Schleswig-Holsteins. Zwischen Schlei und Eckernförder Bucht erstreckt sich die 250 km^2 große Halbinsel Schwansen. Einst dänisches Hoheitsgebiet, wurde das Land im Jahre 1260 an den Grafen von Holstein verpfändet, der hier holsteinischen Adel und Bauern ansiedelte. Diese schufen ein blühendes Bauernland mit Adelsgütern wie Ludwigsburg, Louisenlund oder Damp, typischer Knicklandschaft und großen Bauernhöfen. Ortsnamen wie Rieseby, Sieseby oder Fleckeby erinnern hier, wie auch im Lande Angeln, noch an die dänische Zeit. Heute ist der Tourismus von herausragender Bedeutung und hat im Ferienzentrum „Damp 2000" am Ostseestrand seinen Schwerpunkt.

Am Ende der Eckernförder Bucht wartet die kleine Stadt Eckernförde auf Besucher. Die Innenstadt wird in Form einer Sanduhr von der Ostsee im Osten und dem Windebyer Noor im Westen umschlossen. Die das Stadtbild beherrschende Nikolaikirche wurde im 15. Jh. erbaut und weist einen der schönsten Kircheninnenräume Norddeutschlands auf. Gemütliche Cafés und Kneipen säumen die Einkaufstraßen im Zentrum, und am direkt an die Stadt grenzenden Strand herrscht an schönen Sommertagen ein buntes Treiben. Bunt geht es auch an jedem ersten Sonntag eines Monats zu, wenn am idyllischen Hafen der Eckernförder Fischmarkt abgehalten wird. Hier kann man neben viel frischem Fisch, direkt vom Kutter, auch die berühmten Kieler Sprotten kaufen, die zum großen Teil aus den Eckernförder Fischräuchereien stammen. Zwischen Hafen und Strand liegt die Altstadt mit ihren engen Gassen und restaurierten Fischerhäuschen. Das ehemalige Siegfried-Werft-Gelände mit Holz- und Steinbauten ist eines der Wahrzeichen Eckernfördes und ebenfalls am Wasser gelegen. Weitere Wahrzeichen sind die Holzbrücke und das Rundsilo von 1931. ■

Am Steilufer der Schlei bei Weseby. Unbewegt spiegelt das Wasser der Großen Breite einen makellosen Wintertag. Weit schweift der Blick zu den bewaldeten Hügeln bei Louisenlund.

SCHWARZE MARGRET

Es herrschte im 13. Jahrhundert einmal eine Königin über Dänemark, die „Schwarze Margret" genannt ward. In dieser Zeit reichte das Königreich Dänemark weit bis ins Holsteinische, und die Dänen lagen mit den deutschen Fürsten im Krieg. Königin Margret ließ die Elbe mit langen Pfählen und Ketten versperren, um den Hamburgern den Handel zu ruinieren. So hat sie auch den Kieler Hafen, die Schlei und die innere Flensburger Förde versperren lassen. Sie ließ auch den Margrethenwall bei Dannewerk, nahe Schleswig, bauen. Dieser lange Wall sollte Dänemark vor den Deutschen verschließen. Eines Tages, als die Arbeiten noch nicht fertig waren, griff der Feind überraschend an. Da ließ die listige Margret alle Kühe der Gegend zusammentreiben und band diese am äußeren Graben an. Die Feinde glaubten aus der Ferne in den Kühen behelmte Soldaten zu erkennen und verschossen ihre ganze Munition. Währenddessen bauten die dänischen Truppen ihr Festungswerk fertig und konnten so den Angriff abwehren. Der Graben heißt seitdem der „Kohgraben". Viele Jahre später lag die Schwarze Margret wieder im Krieg mit einem deutschen Fürsten. Bei Schuby trafen die Kontrahenten mit ihren Truppen aufeinander. Als der Kampf sich zu Ungunsten der Dänen wandte, schickte die listige Königin einen Parlamentär zum Fürsten, mit der Bitte um ein Treffen. Dieser willigte ein, und beide trafen sich am Deckerkrug, nahe der Lohheide. Dies ist als „Schlacht auf der Lohheide" 1261 in die Geschichtsbücher eingegangen. Margret sagte dem Fürsten, daß es doch Unrecht wäre, wenn so viele tapfere Leute um ihretwillen sterben müßten. Besser wäre es, daß sie und er den Streit allein unter sich ausmachten. Der Fürst dachte, daß es wohl ein leichtes sei, gegen die alte Königin zu fechten, und nahm das Anerbieten an. Während des Kampfes sagte die Königin zu ihm, er möge ihr doch einen Augenblick Zeit geben, um ihre Sturmhaube ein wenig fester zu binden. Als der Fürst ihr das erlaubte, sagte sie aber, daß sie ihm erst trauen würde, wenn er sein Schwert bis an den Griff in den Boden steckte. Als der Fürst gerade das Schwert, so wie ihm geheißen, in den Boden stieß, stürmte Königin Margret auf ihn zu und schlug ihm den Kopf ab. Den Leichnam mußten ihre Soldaten mit Erde bedecken, die sie mit ihren Helmen zusammentrugen.

Die Waldemarsmauer ist Teil des Margrethenwalls

Der kleine Erdhügel ist auch heute noch zu sehen und wird „Dronningshoi" genannt. Später wollen die Leute, die nahe diesem Orte wohnten, den Fürsten oft da sitzen gesehen haben. An einem Tisch mit Teetopf, Milchkanne und einer Tasse, alles aus Silber. Nach ihrem Tode fand Königin Margret keine Ruhe und mußte zur Strafe für ihr boshaftes Treiben jede Nacht als Schwarze Greet über den alten Wall reiten, den sie, wie viele Leute glaubten, mit Hilfe des Teufels gebaut hatte. Oft kam sie auch mittags zwischen zwölf und eins. Sie trug ein schwarzes Kleid und ritt auf einem schwarzen Pferd, das Dampf und Feuer aushauchte. Ihr folg-

ten stets zwei andere Geister in schneeweißen Gewändern. So ging's immer im Galopp von Hollingstedt bis Haddeby. Oft schon wurden diese Geister gesehen. So wurde einmal eine Magd gegen Mittag zum Wall geschickt, um dort Kartoffeln auszugraben. Kaum hatte sie die Forke in den Boden gestoßen, da hörte sie hinter sich ein Brausen, so als ob ein Sturm aufkäme. Als sie sich umdrehte, sah sie die Schwarze Margret auf ihrem Feuerpferd vorbeisausen. Die beiden weißen Geister sprangen auf die Magd zu. Da ließ sie alles fallen und rannte, so schnell sie konnte, nach Hause. Als der Bauer und einige mutige Begleiter nun zum Wall gingen und nachsahen, fanden sie die Kartoffeln umhergestreut und zertreten. Das war das Werk der Schwarzen Greet, die nicht wollte, daß auf ihrem Wall etwas gebaut wurde.
Noch in der Neujahrsnacht des Jahres 1844 geschah es, daß die Kinder der Leute die bei Kurburg am alten Wall wohnten abends spät nach elf nach Hause gingen. Da kam ihnen auf dem Wall ein schwarzes Pferd in vollem Galopp entgegen, aus den Nüstern Dampf und Feuer speiend. Auf ihm saß die Greet als eine hohe, schwarze Gestalt. Zwei andere weiße Gestalten folgten ihr zu Fuß. Eilends und voller Furcht liefen die Mädchen ins Feld, die weißen Gestalten jedoch verfolgten sie. Das kleinste der Kinder stolperte und fiel hin, während die anderen davonkamen. In ihrer Not fing die Kleine an zu beten. Bald darauf eilten die Eltern dem Kind zu Hilfe, das schreckensstarr auf dem Feld lag. Von dem Spuk war nichts mehr zu sehen. Als sie das Kind nach Hause gebracht hatten, konnte sie nichts anderes sagen als: „Das Pferd! Das schwarze Pferd!" Noch mehrere Tage redete sie irre, und als der Vater sie nochmals nach dieser Geschichte fragte, wurde ihr wieder ganz angst und bange, und sie hielt die Hände vors Gesicht. Sie war auf keine Weise zu bewegen, etwas davon zu erzählen.

Rundturmkirche in Kosel
Die älteste Kirche Schwansens a. d. 12. Jh. ist eine dänische Gründung

Frühnebel am See

DER BRUTSEE

Ganz nahe bei Schleswig, am Weg nach Moldenit, liegt ein kleiner schöner See, der Brutsee. In alten Zeiten stand an dem damals ganz von Wald umgebenen See ein Dorf, das zu der Kirchengemeinde St. Jürgen in Schleswig gehörte. In diesem Dorf wohnte ein reicher Bauer, dessen schöne Tochter einen armen Knecht liebte und ihm Treue gelobt hatte. Der Bauer aber wollte sie einem reichen Hufner, also einem Großbauern, zur Braut geben, und die Hochzeit sollte zum Pfingstfest sein. Am Abend vor der Hochzeit sahen sich die Liebenden zum letzten Mal an dem großen Stein, der noch heute am Ufer des See liegt. Am nächsten Morgen fuhren Braut und Bräutigam mit ihren Verwandten über den See zur Stadt. Da ertönte plötzlich die Totenglocke, wie es Sitte war, wenn einer gestorben war. Im selben Augenblick erhob sich ein gewaltiger Wirbelwind, der mit Macht das Boot erfaßte, so daß es kenterte und alle ertranken. Die Leichen der Ertrunkenen wurden alle geborgen. Nur die Braut blieb verschollen, denn sonst hätte man sie zusammen mit ihrem Geliebten, dem armen Knecht, begraben. Ihm hatte nämlich das Läuten gegolten. In seinem Kummer war er des Nachts in den See gestiegen und ertrunken. Seit jenem Tage steigt in der Pfingstnacht ein wunderschönes Mädchen in prächtigen Kleidern aus dem See und setzt sich auf einen großen Stein. Dort kämmt sie singend ihr langes goldenes Haar, bis der Morgen graut. Dann verschwindet sie wieder im See, der nach ihr „Brutsee“, also Brautsee benannt wurde. ■

Fischerboote an der Engstelle der Schlei bei Missunde
Eine laue Frühlingsbrise streicht durch das noch wintergelbe Schilf und weht das letzte Grau des Winters fort

ERICHS LEICHE und DIE MÖWEN IN SCHLESWIG

Im 13. Jahrhundert lebte ein böser Herzog namens Abel, des alten dänischen König Waldemars Sohn. Abels Bruder war der König Erich, der jetzt über das Land Dänemark herrschte. Um auf dessen Thron zu gelangen, ließ Abel seinen Bruder mit Hilfe der ihm ergebenen Leibwache ermorden. Nach dem Mord an seinem Bruder ließ er die Leiche, mit Steinen und Ketten beschwert, bei Missunde in der Schlei versenken. Das soll 1350 gewesen sein. Doch der Leichnam stieg bald wieder empor und trieb ans Ufer. Als man den toten König in feierlichem Zuge in die Stadt Schleswig führte, fingen alle Glocken von selbst an zu läuten. Man begrub ihn in der Kirche St. Peter, wo heute noch des Königs Mütze, Rippe und die Ketten zu sehen sind, auch wenn der Leichnam schon lange nicht mehr dort ruht. An der Stelle wo die Leiche antrieb errichtete man ein hölzernes Kreuz und nannte diesen Ort „Zum Finsteren Stern". Später haben Fischer dort oft mit Grausen blaue Lichter gesehen, weshalb sie diesen Ort möglichst mieden. Der König soll jetzt unter einem Stein zwischen Loitmark und Arnis an der Schlei begraben sein. Immer wenn die Mordnacht sich jährt, dreht der Stein sich um Mitternacht um. Die Leute, die Abel bei der Ermordung seines Bruders Erich halfen, sind später alle eines elenden Todes gestorben. Der eine wurde beim Spiel erstochen, ein anderer gerädert, der dritte von seinen eigenen Leuten erschlagen. Sie und alle zwanzig Ritter, die mit dem König den Reinigungseid taten und die vom Gericht vorgegebene Formel nicht fehlerfrei nachsprachen, wurden nach ihrem Tode für immer an den Ort ihrer Schandtat gebannt. Bei Schleswig, nahe der Stelle wo Abels Schloß gestanden hatte, erhebt sich gegenüber eine kleine Insel in der Schlei, welche der Möwenberg heißt. Alljährlich kamen am Gregoriustag die Möwen dorthin und nisteten ungestört. Die Stadt Schleswig bestellte ihnen früher einen Fischer zum Hüter, der Möwenkönig genannt wurde. Zweimal konnten sie immer ungestört brüten. Wenn jedoch die dritte Brut eben aus dem Ei zu kriechen begann, dann stürmten an einem Sonnabend mittag, sowie die Uhr zwölf schlug, von allen Seiten die Jäger auf den Berg. Dann ergriffen Knaben die nackten Küken, die anderen wurden Opfer der Schützen. Die ganze Schlei war mit Booten bedeckt, und Schüsse knallten ringsherum. So ging es bis zum Sonntag mittag um zwölf Uhr. Diese Jagd hatte Tradition und wurde der „Möwenpreis" genannt. Die noch lebenden Möwen zogen dann traurig davon, mußten aber in jedem Jahr wiederkommen und brüten. Die Möwen, so sagt man, sollen des Herzog Abels Leute gewesen sein, die durch den Bann nicht von dem Orte loskommen konnten. Nur wenn einmal ihr Möwenkönig sie nicht beschützte und sie in der Zeit vor dem Möwenpreis keinerlei Ruhe hatten, brauchten sie sieben Jahre lang nicht wiederzukommen. Das soll noch zu Anfang des 19. Jahrhunderts geschehen sein, als sie in einem bösen Kriegsjahr gestört wurden. Aber erst wenn ihnen dreimal nacheinander das gleiche wiederführe, man also binnen einundzwanzig Jahren gegen die alte Sitte verfährt, sollen sie vom Fluche frei sein.

Hinter dem Altar in der Domkirche zu Schleswig hing lange Zeit ein uraltes Bild, von dem niemand sagen konnte, wen es zeigte. Die Sage aber berichtet, es sei Abels Bruder Erich und behauptet, wenn er seinem Bruder verziehen habe, würde das Bild reden und die Mauer sich öffnen. Dann fände man auch den Gang zum Möwenberge, unter dem große Schätze vergraben liegen sollen. Dann könnten die Schätze gehoben werden, würden aber in den Besitz des Schleswiger Doms fallen. Die Möwen wären dann frei und würden die Insel gänzlich verlassen. ■

Schleswiger Dom
Blick von Haddeby über die Schlei auf den 112 m hohen Turm des Doms. Der Turm wurde der Stadt 1888 vom preußischen König geschenkt.

Lindengesäumter Weg zur Siesebyer Kirche

DER WERWOLF VON HÜSBY

In Hüsby bei Schleswig wohnte eine alte, geizige Frau; sie setzte ihren Dienstboten nur wenig zu essen vor. Des Sonntags aber gab es immer ein kleines Stück frisches Fleisch. Darüber wunderte sich das Gesinde, denn die Alte kaufte doch niemals solches ein. Ein junger Knecht wollte der Frau gern hinter die Schliche kommen. Er versteckte sich daher einmal auf dem Heuboden, als alle anderen Hausbewohner in die Kirche gegangen waren. Plötzlich bemerkte er, wie die Frau einen Wolfsriemen, einen Gürtel aus Wolfsleder, hervorholte und umlegte. Sogleich wurde sie zum Wolf, lief aufs Feld und kehrte bald mit einem Schaf zurück. Wenn sie so leicht zum Fleisch kommt, dachte der Junge, so kann sie es uns wohl auch reichlicher geben. Als die Frau das Fleisch in den Topf steckte und dabei nach ihrer Gewohnheit seufzte: „Ach du leeve Gott, weer ik bi di!“, da sprach der Junge aus seinem Versteck, als wäre er der Herrgott, und antwortete: „Nu un in Ewigkeit kümmst du nich zu mi!“ „Warum denn nich, du leeve Gott?“ „Du giffst din Volk nich nog in'n Pott.“ „Ei, so will ik betern mi.“ „Ja, gewiß, dat rad ik di!“ Die Frau legte von nun an ein viel größeres Stück Fleisch in den Topf. Der Junge aber konnte nicht schweigen und plauderte die Sache im Dorf aus. Als sich die Frau an einem Sonntag morgen wieder in einen Wolf verwandelt hatte und ein Schaf holte, lauerten ihr die Leute auf. Aber keine Kugel schadete ihr, bis man schließlich eine Flinte mit einer silbernen Kugel lud. Seit der Zeit hatte die Frau ihr Leben lang eine offene Wunde, die kein Doktor heilen konnte. Als Werwolf hat sie sich nie mehr gezeigt. ■

Katen in Sieseby
Das idyllische Dorf am Ufer der Schlei strahlt mit seinen vielen schönen Reetdachkaten und der alten Kirche Ruhe und Behaglichkeit aus

DIE NACHTMÄHR

Einst lebte ein junger Mann im Lande Schwansen, der jede Nacht von der Nachtmähr, Gestalt eines Alptraumes, so entsetzlich geplagt wurde, daß er zuletzt seinen Freunden sein Leid klagte. Einer der Freunde wußte nun, daß die Nachtmähr nur durch ein Loch kommen konnte, das mit einem Hakenbohrer, also einem mit einem Haken versehenen Bohrer, gemacht worden sei. Sie untersuchten die Haustüre und fanden wirklich ein solches Loch darin. In der folgenden Nacht legten sie sich vor dem Haus auf die Lauer und warteten auf die Erscheinung. Tatsächlich kam die Mähr und fuhr durch das Loch ins Haus hinein. Als sie drinnen war, sprangen die Freunde hinzu und verschlossen das Loch mit einem Pflock.

Am nächsten Morgen fanden sie nun eine schöne Frau bei ihrem Freund im Bette liegen. Da ließen sie die Hochzeit anrichten, und der Mann lebte zwei Jahre ganz glücklich mit der mysteriösen Frau. Sie gebar ihm in der Zeit Zwillinge. Doch eines Tages geriet der Mann mit seiner Frau in Streit und fragte sie ärgerlich, wo sie denn eigentlich hergekommen sei. „Das weiß ich gar nicht“, antwortete die Frau. Da nahm der Mann sie bei der Hand, führte sie zur Stubentür und sagte: „So will ich es dir zeigen!“, und zog, während er sprach, den Pflock heraus. Kaum hatte er dies getan, verschwand die Frau mit einem kläglichen Ton. Doch an jedem Sonntag kam sie in aller Frühe zum Haus und brachte ihren Kindern schneeweiße Wäsche. ■

Hügelgrab nahe dem Gut Stubbe
Finster erhebt sich die alte Totenstatt vor der schwindenden Sonne, und die dürren Äste einer alten Eiche greifen in das Violett des Winterhimmels

Gut Ludwigsburg
Dieses besonders schöne Beispiel für die vielen Adelsgüter des Landes ist noch vollständig von einem Wassergraben umgeben

Rapsblüte bei Fleckeby
Goethe bezeichnete das Gelb einst als die Farbe nahe dem Licht - wer im Frühjahr durch Ostholstein wandert, kann das bildhaft nachvollziehen

DIE TÄNZERIN

Zwei Mädchen gingen miteinander zum Abendmahl. Als dieses vorüber war, gingen beide noch um den Altar herum. Da fragte eine die andre: „Gehst du heute Abend mit zur Hochzeit?“ Das andere Mädchen wollte davon aber nicht sprechen, doch die eine fuhr fort: „Ich will hin und mich einmal recht satt tanzen“, und fügte hinzu: „Heute könnte ich mich wohl tot tanzen!“ Als sie abends zur Hochzeit ging und im besten Tanzen war, kam ein schöner und hochgewachsener junger Herr zur Tür herein. Keiner hatte ihn zuvor gesehen. Sogleich forderte er das Mädchen zum Tanze auf. Anfangs tanzte er ganz ordentlich, dann aber immer wilder. Wenn die Musikanten ihre Pausen machten, tanzten die beiden weiter, immer toller, ohne einmal auszuruhen. Da wurde es den übrigen Gästen unheimlich, und sie ließen einen ruhigen Gesang anstimmen, der die zwei zum Stillstand bringen sollte. Aber der Fremde tanzte mit dem Mädchen zur Tür hinaus bis zur Mistpfütze, wo er plötzlich spurlos verschwand. Das Mädchen aber versank vor den Augen der Gäste in der Mistpfütze und war ebenso verschwunden. Im Dorf erzählten sich die Leute, ihre Mutter habe das Mädchen einst als Säugling dem Teufel versprochen.

Kleine Kate an der Schlei
Ein Logenplatz direkt am Ufer der längsten Ostseeförde

DIE WINDKNOTEN

Im Dorfe Sieseby am Ufer der Schlei lebte einst eine Frau, der die Gabe nachgesagt wurde, den Wind drehen zu können. Oft holten die Schleswiger Fischer Rat bei dieser Frau. Es war wieder einer dieser Tage, an denen den schleiaufwärts segelnden Fischern ein steifer Wind aus West entgegenblies und sie nicht vorankamen. In ihrer Not legten die Männer in Sieseby an und baten die zauberkundige Frau um Hilfe. Für einen Anteil der Fische aus dem Fang der Fischer sagte diese ihre Hilfe zu und gab ihnen ein Tuch, in das drei Knoten gebunden waren. Sie sprach zu den Fischern: „Wollt ihr günstigen Wind, so öffnet den ersten Knoten, und ist Eile geboten, so löset den zweiten. Den dritten aber öffnet nie!“ Die Fischer setzten die Segel, die sich sofort im Weststurm blähten, der wiederum das Boot zurück zur Ostsee zu treiben drohte. Da öffnete der älteste der Fischer den ersten Knoten. Kaum hatte er ihn gelöst, da strich ein sanfter Ostwind über die Schlei, und das Boot machte Fahrt gen Schleswig. Nun öffnete er auch den zweiten Knoten, und augenblicklich trieb ein wilder Sturm das Boot vor sich her. Die Fischer hatten Mühe, durch die Engen und Untiefen zu steuern. So schnell wie nie zuvor kamen sie in Schleswig an. Nun aber wurde die Neugier übermächtig, was wohl geschehe, wenn der dritte Knoten geöffnet würde. Kaum hatten sie ihn mit zitternder Hand gelöst, kam ein fürchterlicher Orkan angebraust und tobte mit solcher Gewalt, daß alle Fischerboote kenterten und die Männer nur mit Mühe ihr Leben retten konnten. ■

Vollmond über einem Eichenhain
Noch beherrscht ein eisiges Blau den Wintermorgen, doch zartes Rosa kündet bereits vom nahen Sonnenaufgang

DER MANN IM MOND

Es begab sich vor langer Zeit in der Landschaft Schwansen bei Schleswig. Da sammelte ein Mann am Sonntag abend im Mondschein dürre Reisigzweige im Walde und trug sie auf dem Rücken heim. Unterwegs begegnete ihm der Herrgott und fragte ihn, ob er wüßte, wie das dritte Gebot hieße. Da konnte der Mann nichts drauf antworten. So sagte Gott, der als Wanderer gekleidet war und von dem Manne nicht erkannt ward, daß es Frevel sei, am heiligen Sonntag zu arbeiten. Er müsse bestraft werden, doch könne er wählen, ob er lieber im Mond oder in der Sonne sitzen wolle. Da sprach der Mann: „Wenn ich durchaus bestraft werden muß, so will ich lieber im Mond erfrieren, als in der Sonne verbrennen." Und so ist es denn auch gekommen. ■

Der Westensee, Kiel, Dänischer Wohld und die Probstei

Der 250 km^2 große Naturpark Westensee nahe Kiel wartet mit einer abwechslungsreichen Landschaft auf, die von Wald, Feldern und Mooren geprägt ist. Wie im ganzen Ostseeraum so hinterließen auch hier die Gletscher der letzten Eiszeit eine Landschaft mit sanften Hügeln und einer Vielzahl klarer Seen. Mit 7 km^2 das größte Gewässer ist der von der Eider durchflossene Westensee mit seinen malerischen Buchten und schilfgesäumten Ufern.

Die 250.000 Einwohner zählende Landeshauptstadt Kiel wurde im Jahre 1222 erstmals urkundlich erwähnt. Kiel stammt von dem niederdeutschen Wort „Kil" ab. Das heißt Keil und soll die Lage der Stadt an der keilförmigen Kieler Bucht beschreiben. Im Jahre 1242 wurde dem Ort durch Graf Johann von Schauenburg das Stadtrecht verliehen, und Kiel war in der Folge auch zeitweilig Mitglied der Hanse. Herzog Christian Albrecht begründete 1665 Kiels Ruf als Universitätsstadt, indem er die Bordesholmer Klosterschule nach Kiel holte, die später zu einer heute international renommierten Universität ausgebaut wurde.

Das Industriezeitalter begann im Jahre 1871 mit der Ernennung der Stadt zum Reichskriegshafen. Werften und deren Zulieferbetriebe benötigten Arbeitskräfte und ließen die Stadt immens wachsen. Als wichtiger Militärstützpunkt wurde Kiel im 2. Weltkrieg sehr schwer getroffen, und nur wenige historische Gebäude überstanden den Feuersturm. Dazu zählt die Kirche St. Nikolai am alten Markt, deren Grundmauern im 13. Jh. als dreischiffige Backsteinkirche errichtet wurden. Im 14. Jh. wurde sie dann nach dem Vorbild der Lübecker Petrikirche umgestaltet. Das im Jahre 1911 im Jugendstil fertiggestellte Rathaus zählt ebenfalls zu den im Original erhaltenen Bauten. Heute ist Kiel mit seinem Hafen ein wichtiges Tor nach Skandinavien. Berühmt ist Kiel aber auch für die Kieler Woche, der größten Segelregatta der Welt. So steht seit dem 23. Juli 1882 die Stadt an der Förde in jedem Jahr für sieben Tage im Blickpunkt der Sportwelt. Im Stadtteil Molfsee wurde im Sommer 1965 das Schleswig-Holsteinische Freilichtmuseum eröffnet. Auf einer Fläche von 60 ha stehen über 65 historische Gebäude eines Schleswig-Holsteinischen Dorfes, so wie es früher einmal war. Vom Gutshof über die Dorfapotheke bis zur Meierei ist hier alles in seiner alten Funktion vorhanden und mit Leben erfüllt, wodurch der Besuch zu einem anschaulichen Erlebnis wird. Zahlreiche Vorführungen und Sonderveranstaltungen erweitern das Museumsangebot.

Der Dänische Wohld, zwischen Eckernförde und Kiel gelegen, war bis in das Mittelalter ein geschlossenes Waldgebiet und lange Zeit nur dünn besiedelt. Später entstanden hier prächtige Gutshöfe adliger Familien, deren Ländereien auch heute noch das Landschaftsbild prägen. Die Landschaft mit dem Zentralort Gettorf wird im Süden durch den 98,6 km langen Nord-Ostsee-Kanal begrenzt, der bei Kiel-Holtenau die Ostsee erreicht. Die Küste des Dänischen Wohlds, besonders am Schwedeneck, ist vielfach als Steilküste ausgeprägt und von besonderem Reiz.

Die Probstei war in früheren Zeiten im Besitz des Klosters Preetz, woher sich wohl der Name in Anlehnung an den kirchlichen Würdenträger (Propst) ableitet. Das Bauernland hat viele flache Küstenabschnitte mit Salzwiesen und war einst häufig von Sturmfluten bedroht. Im Jahre 1872 wurde diese Gefahr durch den Bau von Deichen abgewendet. Die Probstei ist traditionell für ihre Getreideproduktion bekannt. Daran erinnern auch die Probsteier Korntage, die im August stattfinden. Bei dieser Veranstaltung wird eine Kornkönigin gewählt und in den Dörfern der Probstei werden große Strohfiguren aufgestellt, die dann prämiert werden. Heute zählen die Strände von Laboe bis zum Schönberger Strand zu den beliebtesten Badezielen der Küste.

Alte Scheunen auf Gut Wulfshagen bei Gettorf
Wenn im Herbst die Tage kürzer werden und mildes Licht das Laub zum Leuchten bringt, werden alte Sagen und Spukgeschichten wach…

DAS GESPENST AM BRUNNEN

Nicht weit von Westensee entfernt liegen zwei einsame Häuser im Wald, die einst ihr Trinkwasser aus einer jetzt versiegten Quelle holten. Seit langem war bekannt, daß es da nicht geheuer sei. Es wurde behauptet, es ginge da um Mitternacht seufzend und händeringend ein Weib umher. Die meisten verlachten aber alles wie ein Märchen. Einst diente in einem der Häuser eine Magd, die sich durch einen außergewöhnlichen Mut auszeichnete. Sie hatte einmal bei dem Brunnen ein Stück Zeug vergessen. Da die Hausfrau überaus strenge war, so ging sie, als es ihr um Mitternacht einfiel, sogleich dorthin. Hell schien der Mond durch die Bäume, und ohne Furcht näherte sie sich dem Brunnen. In der Ferne sah sie schon ihr Stück Zeug, aber als sie es aufheben wollte, durchfuhr sie ein jäher Schrecken – da stand eine weiße Gestalt mit gefalteten Händen vor ihr und blickte starr auf das Zeug! Das Mädchen wollte entfliehen, aber die Gestalt winkte ihr. Als sie sich zitternd wieder näherte, wies das Gespenst mit jammervollen, unverständlichen Gebärden auf den Brunnen. Das Mädchen wagte vor Furcht nicht zu reden und eilte bald, so schnell sie konnte, wieder davon, nach Hause, und verbarg sich in ihrem Bett. Am anderen Morgen sah sie bleich und elend aus, und die Hausfrau fragte, was ihr fehle. Nach einigem Weigern gestand sie, was ihr in der Nacht begegnet war. Die verständige Frau antwortete, daß das Gespenst keinen anreden dürfe, sondern sie hätte fragen sollen. Aber das Mädchen gelobte, daß sie sich von nun an hüten wolle, um Mitternacht zum Brunnen zu gehen. Aber in jeder Nacht war es ihr doch, als zöge eine unbegreifliche Macht sie dorthin. Lange widerstand sie diesem Verlangen, doch eines Nachts kam es ihr vor, als wenn es schon spät am Morgen wäre und sie Wasser holen müsse. Obgleich ihr eine innere Stimme sagte, du irrst dich, das Gespenst ruft dich, so ergriff sie doch Tracht und Eimer und ging zum Brunnen. Da stand die händeringende Gestalt wieder und machte allerhand Gebärden. Das Mädchen faßte Mut und fragte: „Was willst du?“ Da erheiterte sich schnell das traurige Gesicht des Weibes und es sprach: „Nun hoffe ich auf Erlösung.“ Sie erzählte dem Mädchen, daß ihre Eltern brave, aber strenge Leute gewesen wären, die vor hundert Jahren in demselben Haus gewohnt hätten. Sie sei zu Fall gekommen und vom Verführer verlassen worden, aber es sei ihr gelungen, ihren Zustand vor der Mutter zu verbergen. Hier am Brunnen hätte sie ein Kind geboren, aber es sogleich im Wasser ertränkt und die Leiche darauf unter der Schwelle der Stalltür vergraben. Seit der Zeit hätte sie jede Nacht ein Irrlichtchen gesehen, weil das Kind ungetauft gestorben sei und weder in den Himmel noch in die Hölle kommen konnte. Darüber, daß sie ihre Sünde niemals gebeichtet hatte und ins Grab mitgenommen hatte, fand sie selbst im Tode keine Ruhe. „Nun muß ich so lange an dem Ort der Übeltat umherwandern, bis jemand mich anspricht und mein Bekenntnis anhört. Dieser muß mir versprechen, die Reste meines armen Kindes auf dem Kirchhof zu begraben. Willst du mich nun erlösen?“, fragte sie die Magd, „so gib mir deine Hand.“ Die Magd reichte ihr das Ende einer Tracht und eilte nach Hause. Am anderen Morgen meinte sie erst, einen schweren Traum gehabt zu haben. Als sie aber Wasser holen wollte, fand sie an der Tracht die fünf Finger des Gespenstes tief eingebrannt. Nun erzählte sie der Hausfrau alles, und es wurde unter der Schwelle nachgegraben. Man fand da bald die kleinen Knöchlein, legte sie sorgfältig in einen Sarg und brachte ihn auf den Kirchhof von Westensee. In der anderen Nacht stand das Gespenst am Bette des Mädchens, beugte sich über es und sagte: „Jetzt bin ich erlöst; ich danke dir!“, und damit verschwand es. Die merkwürdig gezeichnete Tracht wurde nach Kopenhagen in die königliche Kunstkammer geschickt, wo sie heute noch zu sehen ist. ■

Am Westensee
Verfallene Fischerhütte im Schilf bei Wrohe. Viele Buchten und ein breiter Schilfgürtel machen den See zu einem Paradies für Wasservögel.

Die Nikolaikirche in Kiel

GOTTESDIENST DER TOTEN

Vor Zeiten begab es sich, daß eine alte Frau in Kiel eines Nachts erwachte und glaubte, die Kirchenglocken zu hören. Auch kam es ihr vor, als wenn ein leiser Orgelklang zu vernehmen sei. So meinte sie, es sei wohl an der Zeit, zur Frühmesse zu gehen. Sie stand auf und stapfte in eisiger Winternacht mit ihrer Laterne durch den Schnee zur Nikolaikirche. Als sie so in der Kirchenbank saß, konnte sie sich gar nicht in den Gesängen zurechtfinden. Die anderen Kirchgänger sangen ganz anders, als in ihrem Gesangbuche stand, und überhaupt kamen ihr die Leute auch so unbekannt vor. Im Dämmerlicht der Kerzen erblickte sie neben ihr eine Frau, die aussah wie ihre längst verstorbene Nachbarin. Vor ihr erhob sich eine Gestalt aus der Kirchenbank und ging langsam auf sie zu. Als sie erkannte, wer es war, erschauerte sie, denn vor ihr stand ihre tote Großmutter. Die sprach zu ihr, sie möge schnell die Kirche verlassen, denn diese Messe wäre nicht für sie. Auf keinen Fall dürfe sie sich beim Fortgehen umschauen, weil es ihr sonst schlimm ergehen könnte. Die Frau eilte, so schnell sie konnte, zur Kirchentür, als es eben zwölf schlug. Da die schwere Tür sich hinter ihr schnell wieder schloß, blieb ihr Mantel darin hängen. Sie nestelte den Mantel von den Schultern und lief, so schnell sie konnte, durch die Nacht zu ihrem Hause. Den Mantel, so dachte sie, könne sie schon am andern Morgen wieder abholen. Aber als sie des Morgens wieder zur Kirche kam, war er in lauter kleine Fetzen zerrissen, denn die Toten waren darüber hinweggetrippelt.

Tradition und Moderne im Kieler Hafen

DER KALVARIENBERG und DER ALTE WAISENHOF IN KIEL

Auf dem Berg, wo vor Jahrhunderten in Kiel die Kalvarienkapelle stand, war es des Nachts nicht geheuer. Noch oft hörte man dort leise, sanfte Chorgesänge durch die Lüfte wehen. Mal sehr schwach, dann wieder etwas anschwellend, mal ganz nah, dann wieder aus weiter Ferne ertönte der Gesang. In leiser Klage zitternde Töne wechselten mit frohlockenden Klängen. Das Rauschen von Gewändern und Schritte auf geweihtem Boden, hin zu dem Ort, an dem der Bet-Altar sich befand, konnte in stiller Nacht vernommen werden. Auch ein leises Flüstern betender Lippen, ein Raunen und qualvolles Seufzen aus bedrängten Herzen drang dem Lauschenden an das Ohr. Manchem hellsichtigen Menschen offenbarten sich andächtige Gestalten, die in hellen Mondnächten wie in Prozessionen einherwandelten. Später wurde an diesem Ort der Waisenhof errichtet, der vom Geheimrat Muhlius geführt wurde. Jahre nach dessen Tod gab es wieder einen unheimlichen Spuk. So sah man jeden Abend um elf eine große schwarze Kutsche mit vier schwarzen Hengsten bespannt zum Waisenhof fahren und vor der Haustür halten. Darin saß der Geheimrat Muhlius ernst und schweigend in voller Uniform mit Orden und Ordensband. Bei ihm waren stets zwei Waisenknaben in der alten Tracht der ersten Zöglinge. Nun stieg er aus und ging geräuschlos in sein altes, ihm wohlbekanntes Haus. So durchwanderte er meist alle Zimmer, schüttelte hier und da unzufrieden das Haupt, nickte da und dort wohlgefällig. Nie unterließ er es aber, die beiden großen Säle zu besuchen, wo die Waisenkinder schliefen. Dort neigte er sich zu jedem Kinde hinab, auf dessen Atem horchend. Nun blickte er einige Augenblicke seine Lieblinge forschend an und faltete danach die Hände, mit heiligem Ernst zum nächtlichen Himmel aufschauend. Ohne Geräusch entfernte er sich wieder und stieg seufzend zu seinen Begleitern in die Kutsche, die dann schnell über den Hofplatz rollte und plötzlich verschwunden war. So wie die Kalvarienkapelle, so gibt es auch den Waisenhof schon lange nicht mehr.

Herbstspaziergang durch das Freilichtmuseum Kiel-Molfsee
Torhaus

Schuhmacherkate am See
Im Kleinbauernhaus aus Alt-Duvenstedt arbeitete der Bauer zugleich als Schuhmacher (18. Jh.).

Dithmarscher Winkelscheune
Sie gehört zu einer Hofanlage aus Dithmarschen (erbaut 1781).

DER GOLDKELLER IM LABOER BERGE

An einem sonnigen Ostermorgen wandelte eine Frau aus Laboe mit ihrem Kind durch die Feldmark. Als sie am Wunderberg entlanggingen, sahen sie eine große, offene Höhlung im Berg, aus der ein heller Schein leuchtete. Als sie hineintraten, lag da funkelnd und schimmernd ein großer Haufen Gold und Silber. In der Mitte des Raumes stand ein großer Tisch, auf dem drei rote Äpfel lagen. Die Frau setzte ihr Kind auf den Tisch und gab ihm die Äpfel zum Spielen. Nun füllte sie ihre Schürze schnell mit Gold und eilte dann hinaus. Sogleich aber bemerkte sie, daß sie in der Hast ihr Kind vergessen hatte. Als sie sich umdrehte, war der Eingang zur Höhle aber verschwunden. Klagend und weinend lief sie wohl hundertmal um den Berg herum, doch der Eingang war nirgends mehr zu finden. Gern hätte sie all ihr Gold und Silber dafür gegeben, hätte sie nur ihr Kind wiedergehabt. So ging sie traurig nach Hause und wurde ganz trübsinnig.

Als aber wieder die Zeit des Osterfestes kam und zum Kirchgang gerufen wurde, ging die Frau wieder zum Berge. Worauf sie das ganze Jahr gehofft hatte, war nun tatsächlich in Erfüllung gegangen. Die Höhle im Berg stand erneut offen, und die Frau eilte hinein. Wieder funkelten die Schätze, aber sie sah sich nicht nach ihnen um. Als wenn keine Zeit vergangen wäre, fand sie ihr Kind noch auf dem Tische, so wie sie es zurückgelassen hatte, mit den Äpfeln munter spielend. Lächelnd streckte es seine Arme der Mutter entgegen. Rasch ergriff sie ihr Kind und eilte hinaus. Kaum aber traf der erste Sonnenstrahl das Kind, so verstarb es in ihren Armen.

Malerisch steht die alte Windmühle über dem Hafen von Laboe, der Ausgangspunkt für Fahrten durch die Kieler Förde und entlang der Ostseeküste ist

DER ALTE JAKOB

In alten Zeiten befand sich zwischen Schrevendorf und Röpstorf ein weiteres Dorf. Damals wohnte in Schrevendorf, in dem alten Bauernhaus am Bornbrook, ein Bauer, der hieß der alte Jakob. Als nun einmal um Fastnacht zwei Lübecker Herrn kamen, um die Abgaben zu holen, waren die Dorfbewohner gerade im besten Zuge bei der Fastnachtsgilde und dachten, übermütig und ausgelassen wie sie waren, nicht ans Bezahlen. Sie trieben stattdessen mit den Abgesandten so lange ihren Spott, bis diese ungeduldig wurden. Da sagte der alte Jakob zu den beiden: „Ihr sollt eure Bezahlung gleich haben", sprach's und schnitt dem einen seinen langen Bart weg, stopfte diesen in den Sack des anderen und keilte dessen Bart im Pfosten eines Hauses fest. „Da habt ihr gute Bezahlung!", rief der alte Jakob den beiden zu. Die Lübecker aber schworen dafür Rache. Bald kamen ihre Soldaten und brachen das ganze Dorf, Haus für Haus, nieder. Als sie sich aber auch an des alten Jakobs Haus machen wollten, da trat er in die Tür, hieb seine Axt tief in den Pfosten und sprach: „Das Haus ist mein, ihr Lübecker Herrn. Und wem das Leben lieb ist, der komme mir nicht heran. So gewiß keiner von euch die Axt da wieder herauszieht, so sicher wird sie jeden treffen, der noch einen Schritt tut." Da wagte niemand, Hand an Jakobs Haus zu legen.

Die Lübecker zogen wieder davon, und Jakobs Haus steht noch bis auf den heutigen Tag. Jetzt ist neben diesem Hof eine lange, schmale Koppel. Man nennt sie heute noch „die Höfe", weil früher dort die Häuser standen, die von den Lübeckern niedergerissen worden waren. Später kamen Röpstorf und Schrevendorf an einen Herrn von Pogwisch. Der war nicht zufrieden, daß die Bauern ihm nur die Hoftage taten, sondern er verlangte alle ihre Ländereien noch dazu. Der alte Jakob aber sagte, er hätte seine Pflicht geleistet, indem er seine Hoftage tat und so dem Herrn nach Aufforderung mit Rat und Tat zur Verfügung stand; mehr könnte die Herrschaft nicht verlangen. Sein Land gebe er niemals her, was auch kommen wolle. Der Edelmann drohte, aber Jakob gab nicht nach. Da ließ der Herr die Fischteiche öffnen, und Jakobs Haus ward von einem See umgeben. Der aber angelte zum Fenster hinaus, und sooft der Edelmann auch nach Schrevendorf zum Bornbrook kam und dann von dem Hügel aus, den man noch sieht, mit Jakob verhandelte, so gab dieser doch nie nach. Da mußte der Edelmann endlich nachgeben und dem Bauern seine Ländereien lassen. Der Bornbrook war noch lange Zeit ein See, der erst langsam verlandet ist.

Herrenhaus auf Gut Dobersdorf, 1772 erbaut

Windmühle bei Krokau, nahe Schönberg
Blühende Rapsfelder mit knorrigen Eichen unter hohem Himmel und dann noch eine alte Windmühle - das ist Schleswig-Holstein.

Buhnenreste am Ostseestrand
Ruhige See am Morgen – die Ruhe vor dem Sturm ?

DIE FLUT IN OSTERWISCH

In der Probstei, nahe am Strande der Ostsee, lag einst das große Dorf Osterwisch. Nirgendwo gab es üppigere Wiesen und fruchtbareres Land, und nirgends lebten reichere und wohlhabendere Bauern. Aber obgleich das Christentum in dieser Gegend schon Einzug gehalten hatte, so waren die Leute doch übermütig und gottlos. Hinter Osterwisch lag ein großer Wald, der voll von Bären, Wölfen und Schweinen war. Hier vertrieben sich die Männer des Dorfes die Zeit mit der Jagd und töteten alles, dessen sie habhaft werden konnten. Wenn die Frauen daheim in der Spinnstube oder am Herde einen Wolf in der Falle heulen hörten, dann eilten sie herbei und töteten ihn dann mit eigener Hand und sangen und jubelten dazu. Auch ließen die übermütigen Leute keinen Reisenden ungeplündert am Dorfe vorbei. Sie lauerten im Walde jedem Fahrzeug auf, beraubten es und teilten sich die Beute. Es gab unter ihnen einen alten Mann, der hielt ihnen oft ihre Gottlosigkeit vor und ermahnte sie zur Besserung. Auch forderte er sie vergebens auf, einen Damm gegen die See zu errichten, die schon früher einmal ein Stück Land mit fortgenommen hatte. Aber die Leute lachten ihn aus und meinten, die Hand Gottes könne sie nicht erreichen. Da kam in einer Nacht ein Engel zum Greise und befahl ihm, den Ort zu verlassen. Gott wolle den Frevel nicht länger mit ansehen und ein Strafgericht über das verruchte Dorf halten. Da erhob der alte Mann sich eilig von seinem Lager und floh auf den Kapellenberg, wo damals eine kleine Kirche stand. Plötzlich kam ein furchtbarer Sturm, und das Wasser stieg so schnell von Nordost her, daß alle ertranken und das Dorf versank. Nur bei niedrigem Wasserstand sieht man noch Backsteine und dergleichen am Grunde des Meeres liegen, und die See reicht seit jener Nacht bis an den Hügel, auf dem der Greis als einziger die Katastrophe überlebt hatte. ■

DAS VIEHSTERBEN

Einst wütete in unserem Lande eine furchtbare Seuche unter dem Vieh und fraß die Ställe mancher Dörfer leer. In Ratjensdorf in der Probstei wohnte damals ein Mädchen mit Namen Elsbeth. Sie verdiente ihr tägliches Brot mit ihrer Hände Arbeit, war sehr gläubig und geliebt und geachtet von allen. So nannte man sie nur die fromme Elsbeth. Als die Seuche sich Ratjensdorf näherte, flehte sie zu Gott, doch ihre kleine Habe und ihr Dorf zu behüten. In dieser Not legte sie ein großes Gelübte ab. So gelobte sie, drei Jahre zu trauern. In diesen drei Jahren wolle sie niemals tanzen, noch ihren Bräutigam sehen. In der Nacht erschien ihr ein Engel im Traum. Er gab ihr ein Weidenreis und sprach: „Begrabe das erste gefallene Vieh in aller Frühe auf dem Hügel vor dem Dorfe und pflanze das Reis darauf“. Als der Engel verschwand, erwachte sie und machte sich eilends auf den Weg zum Stall. Da lag ihr Kalb tot neben seiner Mutter. Nun tat sie, wie der Engel ihr befohlen hatte, begrub das Kalb und pflanzte das Weidenreis darauf. Sie hielt ihr Gelübde volle drei Jahre, und das Dorf und ihr Haus blieben allein verschont; die Weide aber gedieh und ist größer und schöner geworden als irgendeine andere im ganzen Lande. Man soll sie heute noch sehen können. ■

Marienkirche in Probsteierhagen

Winterliche Probsteier Feldmark am Passader See

WIE FRAU ABEL SICH EIN EI HOLTE

Vor langer Zeit wohnte zu Stakendorf in der Probstei eine alte geizige Frau, die hieß Frau Abel. Damals gab es noch viele Wölfe im Lande, die man in Gruben fing. Jeder im Dorfe mußte, sobald die Reihe an ihn kam, eine Ente oder Gans als Köder geben. Als endlich Frau Abel daran kam, nahm ihr Knecht eine Gans und band sie auf ein Brett, welches wie eine Wippe über die Grube gelegt wurde. Da fiel es der Frau aber ein, daß die Gans noch ein Ei bei sich hatte. Obwohl es schon spät war und die Dämmerung heraufzog, lief sie hinaus durch den Schnee zur Wolfsgrube. Hastig langte sie nach der Gans auf der Wippe, doch hatte sie sich in ihrer Gier zu weit vorgewagt. So schlug das Brett um, und Frau Abel fiel in die Grube. Nun schrie sie verzweifelt um Hilfe, doch so sehr sie auch rief, es konnte sie doch niemand hören. Vor Frost und Angst klapperten ihr die Zähne, und sie ward schon ganz blau im Gesicht. Um Mitternacht fiel ihr aber das Ei in den Schoß, das die Gans in ihrer Angst noch gelegt hatte.

Erst gegen Morgen kam der Wolf geschlichen, schnoberte erst da herum, guckte in die Grube und wollte nach der Gans schnappen. In dem Moment stürzte der Wolf zu Frau Abel in die Grube. Ob er vielleicht nicht hungrig war oder vom Fallen einen Schreck bekommen hatte? Denn er setzte sich ganz ruhig in die eine Ecke. Frau Abel saß in der anderen mit dem Ei in der Hand, und beide sahen einander an, gewiß mit ganz verschiedenen Gefühlen. Als es endlich Tag wurde, kam der Knecht, um nachzusehen, ob ein Wolf in die Falle gegangen war. Welch ein Schreck durchfuhr ihn aber beim Blick in die Grube! Eilig lief er zurück und schrie das ganze Dorf zusammen. Nun liefen alle herbei und kamen mit Stricken zur Wolfsgrube zurück. Da ließ der Knecht der Frau Abel einen Strick herunter und sagte, sie solle ihre Röcke vorsichtig lösen, damit der Wolf danach schnappe und die Rettung so glücken könne. Just als man sie heraufzog, besann sich der Wolf dann auch, sprang aus seiner Ecke und packte die Röcke. So hatte der Wolf den Stoff in der Schnauze, und Frau Abel wurde, aus ihrer Wäsche heraus, nach oben gezogen. Wohlbehalten kam sie mit dem Ei nach Hause und hat sich wohl nie mehr in die Nähe einer Wolfsgrube begeben. ■

DIE TYRANNISCHE EDELFRAU

Eine Edelfrau auf Gut Schmoel war eine große Liebhaberin von schönem Leinen. Die Mädchen, die ihr zu Diensten waren und das Garn spinnen mußten, hatten viel unter ihrer tyrannischen Herrin zu leiden. Mädchen, welche nicht fein genug oder überhaupt nicht genug gesponnen hatten, bestrafte sie dadurch, daß sie ihnen Garn und Flachs um die Finger wickeln ließ und dasselbe dann anzündete. So verbrannten die Finger zusammen mit dem Garn, und die bedauernswerten Mädchen mußten Höllenqualen erleiden. Die sadistische Tyrannei der Edelfrau steigerte sich mit den Jahren und bereitete einem ihrer Mädchen einen qualvollen Tod. Eines Tages, es war ein Sonntag morgen, passierte einer ihrer Bediensteten ein Mißgeschick. Die Edelfrau ließ das Mädchen daraufhin an einen heißen Ofen binden und so lange nachheizen, bis derselbe glühend wurde. Während das Mädchen unter entsetzlichen Qualen verbrannte, ging die Herrin ungerührt zur Kirche und gab sich als gute Christin. Als sie zurückkehrte, ging sie hin, um nachzusehen, ob ihr Befehl auch ausgeführt worden sei. Sie fand den verkohlten Körper des Mädchens am Ofen stehen. Das im Todeskampf verzerrte Gesicht der Leiche zeigte wie bei einem Grinsen die Zähne. „ Was, du Aas!“, rief die Herrin, „du zeigst mir noch die Zähne!“ Darauf schlug sie der Leiche mit einem heftigen Schlag gegen den Kopf, so daß dieser abflog und auf den Fußboden rollte.

So trieb sie es noch lange Jahre, und die Menschen waren voller Furcht vor ihr. Keiner wagte, ihr zu widersprechen oder sie gar anzuklagen. Doch eines Tages wurde der Edelfrau von dem bösen Geiste, dem sie sich längst ergeben hatte, angekündigt, daß ihr Ende gekommen sei. Sie befahl ihrem Kutscher anzuspannen und setzte sich dann in die Kutsche. Auf die Frage: „Wohin?“, antwortete sie: „ Immer geradeaus!“ Nach einer halben Stunde war der Kutscher in einer ihm ganz fremden, wüsten Gegend und traf auf ein unterirdisches, großes Schloß. Die Eingangstür war an der Seite eines steilen Berges. Hier mußte der Kutscher anhalten. Die Tür wurde geöffnet und die Edelfrau eingelassen. Dem Fuhrmann aber sagte keiner etwas, weder, daß er warten, noch, daß er umkehren solle. Als ihm endlich die Zeit lang ward, wollte er fragen, was er zu tun habe. Er öffnete die Tür, hinter der noch eine weitere folgte. Als er auch die zweite Tür ein wenig geöffnet hatte und hereinblickte, sah er mit Entsetzen, daß seine Herrin in einem Zimmer voller Flammen saß und mit glühenden Kämmen gekämmt wurde. Er war so voller Schrecken, daß er an allen Gliedern zitterte. Bald hörte er drinnen ein klägliches Jammergeschrei, voller Angst eilte er zu seinem Wagen zurück und jagte davon. Jedoch kam er erst nach vierzehn Tagen wieder auf Gut Schmoel an. Die Edelfrau aber ist aus ihrem unterirdischen Marterschloß niemals zurückgekehrt. Diese Geschichte wird auch im Kreis Stormarn erzählt. Hier heißt die Edelfrau „die tolle Margreth“.

Scheunen auf Gut Schmoel

Gut Schmoel bei Schönberg
Durchfahrt des Torhauses zum Gut, das heute wie das benachbarte Panker zur Kurhessischen Hausstiftung gehört

Die Holsteinische Schweiz

Der Vergleich mit der Schweiz ist vielleicht ein wenig übertrieben, jedoch kann das Hügelland der Holsteinischen Schweiz zweifelsfrei als das „Dach Schleswig-Holsteins" bezeichnet werden. Die Gletscher der letzten Eiszeit haben hier vor 25.000 Jahren ganze Arbeit geleistet und eine bewegte Landschaft mit steilen Kuppen und tiefen Mulden geschaffen, die in der 166,6 m hohen Endmoräne des Bungsberges kulminiert. Unweit dieses heute von einem Fernmeldeturm gekrönten Berges liegt der Ort Schönwalde, der mit 110 m der höchstgelegenste Ort Schleswig-Holsteins ist. Südwestlich schließt sich die schöne Seenlandschaft um die Orte Plön und Eutin an. Unter den fast 200 Seen dieses Gebietes ist der Große Plöner See mit einer Wasserfläche von 3038 ha nicht nur der größte See, sondern bei einer Tiefe von 60 m liegt an seinem Grund auch die, neben dem Hemmelsdorfer See bei Niendorf (44 m unter dem Meeresspiegel), zweittiefste Stelle Schleswig-Holsteins mit 39 m unter dem Meeresspiegel.

In besonders schöner Lage angesiedelt, auf den Hügeln über dem Großen Plöner See, steht die Stadt Plön. Ein Logenplatz über dem Wasser, eine gemütliche Altstadt und ein stattliches weißes Schloß sind die Merkmale der Kreisstadt. Die Herzöge des Hauses Schleswig-Holstein-Sonderburg hatten sich im Jahre 1633 einen wirklich guten Platz für ihr neues Domizil ausgesucht. Das dort ehemals angesiedelte Internat wurde 2001 unter der Landesregierung von Heide Simonis geschlossen und das Schloß dann an den Optikerkonzern Fielmann verkauft. Heute beherbergt das Plöner Schloß eine Akademie für das Optikerhandwerk.

Ein anderes bekanntes Schloß ist auch nicht fern. In den Jahren 1717-1722 erbaut, wurde das von einem Wassergraben umgebene Eutiner Schloß zu einem kulturellen Zentrum des Landes. Klopstock, Goethe, Claudius und Alexander von Humboldt weilten hier als Gäste der Herzöge Friedrich August und Peter Friedrich Ludwig. Untrennbar mit Eutin verbunden ist auch der Komponist Carl Maria von Weber, der hier im Jahre 1786 geboren wurde. Seine Oper, der Freischütz, gehört heute selbstverständlich zum Repertoire der jährlich stattfindenden Eutiner Sommerfestspiele. Eutin mit seiner schönen, von Rosen umranktem Fachwerk geprägten Altstadt, dem großen Marktplatz und dem Schloßpark direkt am Großen Eutiner See ist immer einen Besuch wert. Ein weiterer Ort in landschaftlich hervorragender Lage ist Bad Malente-Gremsmühlen. Das Bad zählt zu Norddeutschlands bekanntesten Kurorten und hat als Doppelort zwei Kurpromenaden. Die eine am Dieksee, wo die bekannte und beliebte Fünf-Seen-Fahrt startet, und die andere am Kellersee.

Doch warum trägt die Landschaft eigentlich diesen alpinen Namen? Es war im Jahre 1885, da eröffnete der Eutiner Kaufmann Johannes Janus auf einer Anhöhe über dem Kellersee ein Hotel der Luxusklasse. Das hügelige Gebiet nördlich des Hotels hieß im Volksmund schon seit langem Sieversdorfer Schweiz. Um viele Gäste zu gewinnen, wählte er den klingenden Namen „Holsteinische Schweiz" für sein neues Haus, da die echte Schweiz mit ihren Bergen und Seen schon damals ein begehrtes Ziel, besonders der wohlhabenden Oberschicht, war. So erwies sich der Name als äußerst werbewirksam. Auf Betreiben von Herrn Janus erhielt das Hotel sogar eine eigene Bahnstation gleichen Namens. So wurde neben dem Nobelhotel bald auch dessen Umgebung als Holsteinische Schweiz bezeichnet. Später ging der Name dann auf die gesamte Region über. 1986 wurde die Holsteinische Schweiz aufgrund ihrer landschaftlichen Vielfalt und der artenreichen Flora und Fauna der mit knapp 58.100 ha größte Naturpark des nördlichsten Bundeslandes.

Der knapp 167 m hohe Bungsberg ist Schleswig-Holsteins höchste Erhebung.
Von der Aussichtsplattform auf halber Höhe des Fernmeldeturmes bietet sich ein phantastischer Rundblick über weite Teile Ostholsteins.

Das grüne Blätterdach einer Eiche.
Mikrokosmos und Schutz in einem Blütenmeer aus reinem Licht und der Unendlichkeit des Himmels.

ALLE NEUNE

Ein Missetäter war zum Schwert verurteilt. Je näher der Tag der Hinrichtung kam, desto mehr verging dem Scharfrichter aber der Mut, sein Handwerk zu vollführen. Am Tage vor der Exekution war er ihm gänzlich geschwunden. Er klagte das seinen Freunden. Daraufhin bereitete ihm einer einen Trank, von dem er schon nach wenigen Stunden Kräftigung verspürte. Am anderen Tage überfiel ihn eine solche Wut, daß er den Augenblick des Richtens kaum erwarten konnte. Der arme Sünder war ein leidenschaftlicher Kegelspieler gewesen, und da nun seine Stunde schlug, bat er sich als letzte Gnade aus, noch einmal ein Spiel zu machen. Der Scharfrichter sollte sein Mitspieler sein. Als der Verurteilte aber nun die Hand ausstreckte, um die Kugel aufzunehmen, konnte der Scharfrichter nicht länger an sich halten. Er schlug so schnell zu, daß dem armen Sünder sein eigener Kopf in die Hand fiel. Der tat dann trotzdem noch den Wurf; alle Kugeln fielen, und der Kopf schrie: „Alle Neune!"

STIFTUNG DES KLOSTERS PREETZ und DER DONNER HOLT EIN KLOSTERFRÄULEIN

Vor Zeiten bedeckte ein großer, ungeheurer Wald die ganze Gegend wo jetzt Preetz und die Gründe des Klosters Preetz liegen. Dort jagte einst der Graf Albrecht von Orlamünde. Eines Tages sprang plötzlich ein edler Hirsch aus dem Unterholz hervor. Lange verfolgte der Graf das fliehende Tier. Wie erstarrt blieb der Hirsch unter einer großen Eiche stehen und blickte den Grafen ruhig an, als wenn er den Tod nicht fürchtete. Schon legte der Graf an, um das stolze Tier zu erlegen, als ein glänzendes goldenes Kreuz zwischen seinem prächtigen Geweih sichtbar ward. Da erkannte der Graf, daß der Ort heilig war und schonte den Hirschen. Er ließ den Wald ringsumher roden und ein Kloster erbauen, dem er reiche Einkünfte und große Ländereien gab. Bis auf den heutigen Tag steht noch die große, heilige Eiche beim Kloster, auf der Wiese vor der Wohnung des Klosterprobsten.

Einst tobten über Preetz schwere Gewitter, die sich fast einen Monat lang täglich über dem Städtchen zusammenzogen und ihr Zentrum über dem Kloster hatten. Da erklärte eine Nonne, daß das Gewitter ihretwegen über der Stadt stehe und sie holen wolle. Sie erzählte von einem Traum, in dem sich ihr Schicksal offenbart habe. So bat sie, man möge sie hinausgehen lassen, damit ihr Schicksal Erfüllung fände und der Ort verschont bliebe. So ging die Nonne während eines der heftigen Gewitter in Begleitung von zwei Schwestern hinaus. Plötzlich kam ein starker Donnerschlag, und der Blitz nahm das Fräulein aus der Mitte ihrer Begleiterinnen. Nur eine Locke und ein Pantoffel blieben von ihr übrig, die lange im Kloster aufbewahrt wurden. Das Gewitter aber war vorüber. In der Preetzer Klosterkirche hängt noch ein kleines Gemälde, das diese Begebenheit darstellt.

Die uralte Eiche v. der Klosterkirche in Preetz. Der hochgotische Bau wurde im Jahre 1327 für das 1211 gegründete Nonnenkloster der Benediktinerinnen erbaut. Heute befindet sich hier ein ev. Damenstift.

Wintertag am Tresdorfer See bei Schönweide

DER TREUE KNECHT

Der letzte Besitzer der Burg zu Schönweide, von der heute noch der Burgplatz und die Reste der Wälle und Gräben zu sehen sind, war ein Graf zu Rantzau. Er hatte sich die Feindschaft der Dänen zugezogen und wurde von ihnen belagert. Von einer Anhöhe auf dem Tresdorfer Felde aus beschoß man die Burg mit Kanonen. Dem hielten die Mauern nicht lange stand, und der Graf mußte mit seinen Dienern fliehen. Um den Feinden einen Fluchtweg vorzutäuschen, ließ er den Pferden die Hufeisen verkehrt auflegen. Er entkam, und man hat nie wieder etwas von ihm gehört. Ein anderer Teil der Leute rettete sich auf Kähnen über den Tresdorfer See. Der Graf aber hatte seinen verwachsenen Sohn auf der Burg zurückgelassen, und als alle anderen flohen, blieb allein ein treuer Knecht bei ihm zurück. Der steckte ihn in einen Sack und verbarg ihn im Keller. Als nun die Belagerer eindrangen, fiel der Knecht vor ihnen auf die Knie und bat um sein Leben. Außerdem rang er den Eroberern die Erlaubnis ab, sein bißchen Zeug mitnehmen zu dürfen. Man gewährte es ihm, und er nahm den Sack und machte sich eilig davon. So rettete der Knecht dem Sohn seines Herrn das Leben.

DER GEDECKTE TISCH

Einst, es war noch zur Zeit der Leibeigenschaft, pflügten Neudorfer Leute am Voßberg auf der Koppel. Es waren Jahre, in denen die einfachen Menschen Hunger litten und über jedes Stückchen Brot glücklich waren. In der Nähe des Voßberges duftete ihnen der Geruch von frischem Brot entgegen. Da sprach einer zum anderen: „Gewiß haben die weißen Weiber gebacken; wenn wir nur auch etwas zu essen hätten!“ Die weißen Weiber waren unterirdische Wesen, die in manchen Bergen wohnten und den Menschen oft wohlgesonnen waren. Kaum hatte der Mann das gesagt, stand vor ihnen ein fein gedeckter Tisch, voll der schönsten Speisen. Es waren so viele Teller und silberne Messer und Gabeln auf dem Tische, als Leute auf der Koppel arbeiteten. Alle setzten sich nun an den Tisch und aßen sich satt. Einer der Pflüger aber entwendete eine Gabel vom Tische und steckte sie in die Tasche. Nach dem Essen wollte der Tisch deshalb nicht verschwinden, wie es sonst, wenn die weißen Weiber den Menschen eine Mahlzeit bescherten, geschah. Die Leute wunderten sich darüber und der Vogt rief erstaunt: „Oh, was geht hier vor! Der Tisch will nicht wieder weg.“ Alle Taschen wurden durchsucht und die gestohlene Gabel wurde gefunden. Als man sie an ihren Platz zurückgelegt hatte, war der Tisch im Nu verschwunden. Doch von der Zeit an wurden nie wieder Leute am Voßberg von den weißen Weibern gespeist.

Feldmark bei Sielbek

Die Schlehen blühen und zartes Grün kündet den Frühling an. Bald wächst und gedeiht es auch auf den frisch bestellten Feldern.

Der Schluensee bei Plön
Wenn im Herbst der Frost langsam aus den Schatten kriecht, scheint alles erstarrt, sogar der See liegt regungslos wie ein riesiger Spiegel...

DIE TEURE ZEIT

Nicht weit von Stendorf gibt es eine kesselförmige Vertiefung im Wald, welche „Die teure Zeit" genannt wird. In früheren Zeiten kamen hier immer am Morgen des ersten Mai die Hamburger Kornkaufleute zusammen. Sie sahen nach dem Stand des Wassers in dieser abflußlosen Grube, denn der sagte ihnen immer ganz untrüglich die Preise für den Kornhandel vorher. Stand das Wasser hoch, gab es auch hohe Preise. War der Wasserspiegel dagegen niedrig oder fiel der Wasserstand, war nur mit wenig Gewinn zu rechnen.

Pferde auf einer Koppel bei Ratjensdorf
Von der Höhe wandert der Blick weit über die Felder und den Trammer See zum weißen Plöner Schloß...

DIE RICHTEICHE

Zwischen Barghorst und Sarau steht in einem kleinen Gehölz die Richteiche. Hier war in früheren Jahren der Richtplatz. Einst fuhr ein Graf Rantzau mit seinem Diener in einem Schimmelgespann an dieser Stätte vorüber. Im Gehölz bei der alten Eiche lauerten Räuber dem Grafen auf und beraubten ihn. Anschließend ermordeten sie ihn, seinen Diener und den Schimmel. Kommt man nun um Mitternacht an der Eiche vorbei und tritt auf die Stelle, wo damals die Blutlache war, so erscheinen der Graf, sein Diener und der Schimmel als Spukgestalten.

DAS ALTE PLÖN

Es werden wundersame Dinge über die Stadt Plön und den Plöner See berichtet. So soll der Berg, auf dem das Plöner Schloß steht, mit Schiebkarren zusammengetragen worden sein. Jeder Arbeiter erhielt damals täglich einen Schilling für seine Arbeit. Auf dem so entstandenen Berg wurde dann das erste Schloß erbaut. Von dem aufgeschütteten Berg aber steht heute nur noch ein kleiner Teil. Denn bei einem Erdbeben versank die eine Hälfte des Hügels samt dem alten Schloß und einem Teil der Stadt im Großen Plöner See. In den ersten Jahren nach dem Untergang hörte man noch die Glocken des Schloßturmes vom Grunde des Sees läuten. Fischer sollen ihn noch bei klarem Wetter erblickt haben. Ein alter Mann erzählte, er habe einmal am See einen Haufen Stecknadeln gefunden, so groß wie ein Maulwurfshügel. Die rührten noch von der alten, versunkenen Stadt her. Durch dieses Erdbeben soll der Plöner See überhaupt sehr an Umfang gewonnen haben. Alte Leute wissen zu erzählen, daß zwischen den Orten Godau und Bosau, wo jetzt eine große Bucht ist, früher gar kein Wasser war. Hier floß nur eine kleine Au in den See, die so seicht war, daß man über einen hingelegten Pferdekopf hinübergehen konnte. Von dieser „bösen" Au hat Bosau später seinen Namen erhalten. Der Ort Ascheberg verdankt seinen Namen dem Wirken des unterirdischen Feuers, das auch das Erdbeben verursacht hatte. ■

Das Plöner Schloß wacht seit 1633 über Stadt und See

Inselwelt des Ascheberger Warder im Plöner See

Gut Nehmten bei Bosau am Plöner See
Das alte Rittergut ist heute im Besitz des Grafen v. Plessen-Cronstern

NEHMTEN

Als sich in grauer Vorzeit das Christentum hier im Lande verbreitete, hausten am Plöner See zwei Rittersleute, von denen der eine schon ein Christ, der andere noch Heide war. Sie lebten häufig in Unfrieden oder gingen sich aus dem Wege. Als eines Tages der christliche Ritter von einer langen Reise zurückkam, war derweil des heidnischen Ritters Töchterlein zur blühenden Jungfrau geworden. Zuerst führte der Zufall die beiden zusammen. Bald aber verliebten sie sich und gelobten einander Treue. Lange verweigerte der heidnische Ritter ihrem Bunde die Einwilligung. Endlich ließ er sich erweichen und gab ihrem Bund den Segen. Er überließ ein großes Stück von seinem Land seiner Tochter zur Mitgift und sprach dabei: „Nehmt hen!“ So setzte der glückliche Christenritter zur Krone seines Wappens den Stern seines Schwiegervaters dazu. Das Geschlecht der Cronsterns besitzt bis auf den heutigen Tag das Gut Nehmten, das nicht weit von Bosau am Großen Plöner See steht.

DIE SAGE VOM UKLEISEE

Nicht weit von Malente liegt, tief im Walde verborgen, ein stiller See; der Uklei. Das dunkle Wasser und die steilen, mit dichtem Wald bewachsenen Ufer tauchen diesen Ort in eine ernste, melancholische Stimmung. Einst stand hier auf einem Hügel eine Burg, in der ein wilder Ritter hauste. Er war jung und schön und liebte nichts mehr als die Jagd. So begab er sich allmorgendlich in den Wald. Oft schon war ihm dort ein wunderschönes Mädchen begegnet, eine arme Bauerstochter, die jeden Morgen ihres Vaters Kühe auf eine Weide im großen Wald treiben mußte. Ihre Schönheit entfachte schon bald das Feuer der Liebe in des Ritters Brust, doch all sein Werben und Bitten wurde abgelehnt. „Wie kann ich eines so hohen Herrn Weib werden", sprach sie, „ich, die doch nur von niederem Stand und eines armen Bauern Tochter bin". Doch längst war auch in ihr die Liebe zu dem stattlichen Ritter erblüht. Eines Morgens, als er ihr wieder nachstellte, kamen sie zu einer kleinen Kapelle, die im Tale auf einer Waldlichtung stand. Der Ritter führte das Mädchen hinein, trat mit ihr vor den Altar und sprach: „Hier, vor Gottes Angesicht, nehme ich dich zu meinem Weibe, und der Himmel soll mich an dieser Stätte vernichten, wenn ich dir nicht treu bleibe und mein Wort halte". Das Mädchen glaubte seinem Schwur, und fortan trafen sie sich jeden Morgen im Walde.

Alsbald erinnerte das Mädchen den Ritter an seinen Schwur, doch er verleugnete sich. Eines Tages kam er nicht mehr zu ihr und sie war allein. Verlassen, voller Kummer und Gram, legte sie ihr schwarzes Kleid an. In ihrem Leid wurde sie krank und starb binnen kurzer Zeit. Der Ritter hatte sich unterdes mit einer reichen Gräfin verlobt und der Hochzeitstag ward bestimmt. In der kleinen Kapelle, in der er einst dem Mädchen Treue schwor, fand die Trauung statt. Nachdem der Pfarrer seine Ansprache gehalten hatte und dem Brautpaar den Segen geben wollte, erschien der Geist des unglücklichen Mädchens und erhob drohend die Hand gegen den Ritter. Bleich vor Schrecken sank dieser nieder, und ein gewaltiges Unwetter brach mit Urgewalten los. Als wenn die Welt unterginge, so durchzuckten Blitze den pechschwarzen Himmel, der Donner grollte und Regenfluten stürzten hernieder. So versank die Kapelle mit allen, die darin waren, und ein finsterer See breitete sich an ihrer Statt aus. Nur die, die nicht mit Schuld beladen waren, kamen davon. Manchmal aber, des Abends bei ruhigem Wetter, klingt der feine Klang der Kirchenglocke aus der dunklen Tiefe herauf. ■

Boote am Ukleisee

Herbsttag am Ukleisee bei Sielbek
Still und dunkel liegt der See im Wald, als ob er ein Geheimnis unter seiner spiegelnden Oberfläche bewahren wolle

DAS SCHLAFENDE HEER

Als es noch überall im Lande einflußreiche Klöster gab, führten die Mönche im Kloster Mönchneversdorf ein gottloses Leben. Kein Frauenzimmer in der ganzen Gegend hatte Ruhe vor ihnen. Mit Gewalt holten sie die Leute des Nachts aus ihren Häusern und nahmen sie mit sich. Die Mönche zwangen sie dazu, in den Nächten einen großen unterirdischen Gang auszugraben und auszumauern. Dieser Gang mündete bei Putlos am Wasser der Ostsee. Durch ihn begaben sie sich nach Putlos und trieben ihr lästerliches Leben mit den Schifferfrauen. Ihr Lebenswandel und ihre Untaten kamen eines Tages dem König zu Ohren. Darauf schickte er sein Kriegsvolk aus, das Kloster zu zerstören und die Mönche allesamt gefangenzunehmen. Aber die Mönche sollen auch einen Bund mit dem Teufel gehabt haben. So schafften sie es mit Hilfe der schwarzen Magie, alle Soldaten zu verzaubern. Daraufhin zog das gesamte Heer in den großen unterirdischen Gang ein und versank in tiefen Schlaf. Die Prophezeiung sagt, daß es hier nun schlafen werde, bis eines Tages die Türken die ganze Welt erobert hätten. Dann würde über das Land ein weißer König herrschen, der auf einem weißen Pferde ritte. Sein Heer würde das Letzte in der ganzen Christenheit sein und schließlich auch vernichtet werden. Dann aber würde er sein Pferd an einen Weidenbaum binden und in sein Wunderhorn stoßen. An diesem Tage würden die Schläfer erwachen und das Heer würde, zum Kampf gerüstet, aus dem Neversdorfer Gang emporsteigen. Dieses Heer würde die Türken schlagen, und nur ihrer sieben würden dem entrinnen können. ■

Eichenpaar in einem Gerstefeld bei Sielbek
Sanft wiegt der warme Sommerwind die goldgelbe Gerste und streichelt die Seele

Auf den Höhen bei Sepel
Weit geht die Sicht über den Großen Plöner See zur Dersauer Bucht. Ob das Pferd um diese schöne Aussicht weiß?

DIE BRÄUTIGAMSEICHE

Weithin bekannt ist die sogenannte Bräutigamseiche bei Dodau im Eutiner Forst. Nach alter Überlieferung müssen junge Mädchen dreimal um den Baum herumlaufen; wenn sie dabei nicht sprechen oder lachen und fest an ihren zukünftigen Ehemann denken, so werden sie noch in demselben Jahr den Auserwählten heiraten. Dieser Brauch besteht bis heute fort, und der Baum hat in einem Astloch einen Postkasten, in dem Briefe mit Herzenswünschen hinterlegt werden können. Briefe mit der Adresse „Bräutigamseiche im Dodauer Forst, 23701 Eutin" werden sogar mit der Post befördert und vom Postzusteller im Astloch deponiert! Wer sich auf Partnersuche befindet, kann dann nachschauen, ob sich seine große Liebe darunter findet.

Die Bräutigamseiche im Dodauer Forst
Ob ein Brief drin ist?

Das Eutiner Schloß
Der trutzige, von einem Wassergraben umgebene Backsteinbau entstand auf den Grundmauern einer Burg der Lübecker Bischöfe. Dieses ehemalige Burgkloster in Lübeck wurde 1227 gegründet und geht auf die siegreiche Schlacht von Bornhöved in jenem Jahr zurück.

DIE UNVERTRÄGLICHEN PASTOREN

In Eutin lebten einst zwei Prediger, die sich gar nicht vertragen konnten und ihr Leben lang miteinander in Streit lagen. Als nun beide gestorben und begraben waren, setzten sie ihren Streit selbst im Tode fort. In der Nacht nach der Beisetzung sah ein Nachtwächter sie sich in langen weißen Gewändern aus ihren Gräbern erheben. Dann fingen sie an, sich aufs Wütendste zu prügeln. Ein furchtbares Getöse und Gepolter entstand. Die Hunde heulten im ganzen Ort, und es war ein Rumoren, daß alle Einwohner Eutins aus dem Schlaf gerissen wurden. Um ein Uhr verschwanden beide wieder in ihren Gräbern. Ihren Zwist mußten sie noch viele Nächte austragen, bevor endlich Ruhe einkehrte. ■

Die vielen, an den alten Fachwerkhäusern rankenden Rosen gaben Eutin den Beinamen „Rosenstadt"

Der wuchtige Turm der im 13. Jh. erbauten St. Michaeliskirche überragt das bunte Treiben auf dem Eutiner Marktplatz

GOTT EINMAL VERSCHWOREN, BLEIBT EWIG VERLOREN

In dem Dorfe Fissau bei Eutin lebte vor vielen Jahren ein alter Hexenmeister. Es war ihm nicht genug, über Menschen und Vieh Krankheit und Siechtum zu bringen, sondern er verführte auch Jungfrauen und Jünglinge zu seiner höllischen Kunst und lieferte somit ihre Seelen dem ewigen Verderben aus. In einer mondlosen, finsteren Nacht begab er sich einmal mit einem jungen Mädchen, ohne Wissen eines Dritten, nach Eutin auf den Kirchhof. Das Mädchen mußte den Ring der Kirchentür anfassen und ihm die Worte nachsprechen: „Hier faß' ich an den Kirchenring und schwöre Gott ab und seinem Kind."

Das Mädchen war erst wenige Tage zuvor in der Kirche konfirmiert worden. Seit jener Nacht nun hatte es keinen frohen Tag mehr und lebte in tiefer Schwermut. Später wurde die Frau mit dem Schmied des Dorfes verheiratet und ward Mutter mehrerer Kinder. Still und fleißig arbeitete sie den Tag über in ihrem Hause, doch in den Nächten wachte sie und weinte viele bittere Tränen. Nichts gab ihr Freude und Ruhe. Ihr Leben verlief in tiefer Trauer, und sie welkte wie ein dürres Blatt im Herbst dahin. Schnell kam ihr letzter Tag, und es ward nach altem Brauch der Prediger zur Sterbenden gerufen. Als er für sie betete und sie zu trösten versuchte, sprach sie zu ihm: „Ach, Herr Pastor, bete er nur immerzu, mir hilft doch nichts, denn ich bin eine Hexe." Nun erzählte sie ihm die Geschichte jener verhängnisvollen Nacht. „Es ist kein Sünder so groß, der sich nicht legt in Christi Schoß", tröstete sie der Prediger und bat sie, ihm nach ihrem Tode Nachricht zu geben, ob sie die ewige Seligkeit erlangt hätte oder nicht. Im ersten Fall sollte sie ihm als Taube, im zweiten als Krähe erscheinen. Als man der Sterbenden mitten im Todeskampf noch einen Trunk reichte, seufzte sie laut: „Oh, es brennt die Hölle in mir!", und verstarb. Schon war eine längere Zeit seitdem vergangen, als eines Sonntag nachmittags der Prediger in seiner Gartenlaube saß und eine Krähe laut schreiend sich darauf niedersetzte. Der Prediger ging hinaus, um das Tier zu verjagen, aber die Krähe blieb sitzen und schrie immer lauter. Da erinnerte er sich der Frau des Schmieds und fragte: „Also bist du doch nicht zu Gnaden gekommen?" Da antwortete die Krähe: „Gott einmal verschworen, bleibt ewig verloren!" ■

Das Flüßchen Schwentine bei Fissau

Die Dorfkirche in Kirchnüchel stammt aus dem 13. Jh. und ist mit 116 m die höchstgelegenste Kirche Schleswig-Holsteins. Nicht weit entfernt sprudelte einst die wundertätige Marienquelle und machte das Dorf im Mittelalter zu einem bekannten Wallfahrtsort.

Das Torhaus auf Gut Seedorf gehört zu den imposantesten seiner Art in Schleswig-Holstein. Der wuchtige Backsteinbau wurde im Jahre 1583 erbaut und ist heute Museum. Das Gut liegt abseits aller Hauptstraßen in landschaftlich reizvoller Lage direkt am Seedorfer See.

Wagrien und die Insel Fehmarn

Ein liebliches Hügelland mit Gutshöfen und Schlössern, viel Wasser und Wald, ruhigen Landstädtchen und quirligen Badeorten an einer langen Ostseeküste: das ist Wagrien im Osten Schleswig-Holsteins. Im Land zwischen der Hohwachter Bucht im Norden und der Lübecker Bucht im Süden siedelten einst die Wagrier, von denen der Landstrich seinen Namen hat. Das Wort leitet sich vom altnordischen „vagr" für „Bucht" ab, also Bewohner der (Lübecker) Bucht. Die Wagrier waren ein slawischer Volksstamm, der zusammen mit den Polaben den ostseeslawischen Stammesverband der Abodriten bildete. Im Kampf gegen die Sachsen rückten im 6. Jh. die Franken unter Karl dem Großen nach Norden vor und verbündeten sich mit den Abodriten. Vereint schlugen sie im Jahre 798 die Sachsen auf dem Sventanafeld bei Bornhöved. Dieses Bündnis sicherte den Abodriten für lange Zeit weiterhin Selbständigkeit, und so wurden sie erst um das Jahr 1000 christianisiert und in die damaligen Staaten integriert. Das wohl wichtigste Relikt aus wagrischer Zeit ist die gewaltige Ringwallanlage der Fürstenburg Starigard im ostholsteinischen Oldenburg.

Einige der vielen Gutshöfe, Herrenhäuser und Schlösser sind besonders erwähnenswert. Gut Siggen bei Dahme ist im Besitz einer Stiftung und ein international bedeutender Konferenzort. Schloß Salzau, gegen Ende des 19. Jh. erbaut, zählt zu den größten Schlössern Schleswig-Holsteins. Heute befindet sich im Hause das internationale Kulturzentrum des Landes. Zum Gut Panker gehört der Aussichtsturm Hessenstein auf dem 128 m hohen Pilsberg mit phantastischer Sicht über weite Teile des Landes. Nicht weit entfernt wartet Lütjenburg auf Gäste, eine heimelige Kleinstadt, deren Anfänge im 12. Jh. liegen. Das nahegelegene Hohwacht ist ein hübsches Ostseebad mit steinfreien Badestränden, einer Steilküste und dem „Großen Binnensee". Diese ehemalige Ostseebucht ist Lebensraum vieler seltener Wasservögel. Über das „Ferienzentrum Weissenhäuser Strand" und die 10.000 Einwohner zählende Kleinstadt Oldenburg führt der Weg zu den Stränden der Lübecker Bucht mit den bekannten Seebädern Kellenhusen, Dahme und Grömitz. Auch Sierksdorf, Haffkrug-Scharbeutz, Timmendorfer Strand, Travemünde und das kleine, gemütliche Niendorf mit seinem hübschen Fischereihafen sind Sonnenanbetern und Badefreunden im ganzen Land ein Begriff. In Neustadt kann man Hafenromantik erleben, denn der zweitgrößte Hafen der Lübecker Bucht bietet neben Fischkuttern auch Platz für etwas größere „Pötte".

Bei Großenbrode verbindet seit 1963 die 963 m lange Fehmarnsundbrücke die Insel Fehmarn mit dem Festland. Über sie führt die Strecke der sogenannten Vogelfluglinie, die im Fehmarnschen Fährhafen Puttgarden ihre Anbindung ins dänische Rodbyhavn hat. Der hier 19 km breite Belt wird zur Zeit noch von Fährschiffen bedient, doch eine feste Beltquerung ist bereits in Planung. Fehmarn leitet sich vom altsächsischen „Fimba" ab und bedeutet „Haufen" (Erdhaufen, Landstück). Es ist fruchtbare Erde, die hier aus den Fluten der Ostsee ragt. Die Insel ist seit alters her Bauernland; freie Bauern, die niemals in Leibeigenschaft standen und ein eigenes Plattdeutsch sprechen. Heute ist der Tourismus Fehmarns wichtigster Erwerbszweig. Da die Insel meist flach ist, gibt es ausgedehnte Sandstrände, die zum Baden einladen. Lediglich im Südwesten bei Staberhuk ragt eine kleine Steilküste auf. Das anheimelnde Zentrum der Inselhauptstadt Burg heißt seine Besucher mit viel Fachwerk und Grün willkommen. Landkirchen, eine Wirkungsstätte des niederdeutschen Dichters Klaus Groth (1819-1899), Petersdorf mit seiner schönen Kirche aus dem 14. Jh. und der Südermühle oder Lemkenhafen mit der 1787 erbauten Holländer-Windmühle (Mühlenmuseum) und dem kleinen Hafen gehören zu den 42 Dörfern der Insel.

Strandkörbe vor der Niendorfer Seebrücke
Eine leichte Brise von See, Sommer, Sonne, Strand und Sand... Das Leben kann so schön sein!

PETER MUGGEL

In den Zeiten, als Hamburg und Lübeck ihre Macht als Hansestädte begründeten, hatte der kühne Räuber Peter Muggel das Dorf und Schloß Schwienkuhlen bei Ahrensbök in seinem Besitz. Von hier aus plünderte er die ganze Umgebung, und besonders lauerte er den Kaufleuten und den mit Waren bepackten Wagen auf, die zwischen jenen beiden Städten hin- und herzogen. Bald wurde es den Stadträten jedoch zuviel, und sie schickten ihre Soldaten, die das Dorf und das Schloß in einen Trümmerhaufen verwandelten. Der Hügel, auf dem das Schloß stand, heißt heute noch der Muggelberg. Aber Peter Muggel war längst auf einen solchen Überfall gefaßt und hatte seine besten Schätze und sein bares Geld, das er sich zusammengeraubt hatte, in Sicherheit gebracht. Er hatte dazu eigens ein Höhle in der Klenzauer Weide, einem Holz bei dem Dorfe Klenzau, graben lassen. Als nun die Soldaten sein Schloß zerstörten, floh er auf seinem Schimmel dorthin und setzte sein früheres Geschäft noch eifriger fort als je zuvor.

Alle Bemühungen der Städte, seinen Schlupfwinkel zu entdecken, blieben lange fruchtlos. Endlich fand man ihn, aber er wußte mit seinen tapferen Gefährten die gegen ihn ausgeschickten Leute zu schlagen. Die Bürger schickten aber immer neue Truppen. So hatte Peter Muggel bald alle seine Genossen im Kampfe verloren und mußte fürchten, selbst in die Gewalt seiner Feinde zu geraten. Aber er wollte niemals seine Schätze in die Hände der Soldaten fallen lassen und ließ sich deshalb mit den Mächten der Finsternis ein. In einer dunklen, stürmischen Nacht berief er darum den Teufel. Bald erschien dieser in Gestalt eines schwarzen Bocks und befahl ihm, eine Grube zu graben. In diese sollte er die Schätze hineinlegen. Als Peter die erste Erde aufwarf, wurde es um ihn hell wie am Tage. Vor ihm stand der schwarze Bock mit einem brennenden Licht unter dem Schwanze. Als die Grube fertig war, ward der Schatz gezählt hineingelegt und der Teufel setzte sein Siegel darauf. Das ist heute noch als ein platter Stein zu sehen. „So“, sagte der Teufel, „nun ist dein Schatz verwahrt. Willst du oder ein anderer ihn einmal wiederhaben, so müßt ihr in einer ebensolchen Nacht wie dieser, mit einem ebensolchen Bock wie ich einer bin und der euch auf dieselbe Art leuchtet, kommen. Aber wenn der Bock auch nur ein weißes Härchen hat oder ihr ein anderes Licht gebraucht, wird eure Arbeit umsonst sein.“ Da nun bis auf den heutigen Tag des Teufels Siegel unberührt an demselben Orte liegt, so wird der Schatz auch nicht gehoben worden sein.

Peter Muggels Tage aber waren gezählt. Bald machten die Lübecker wieder Jagd auf ihn. Weil er sich unsicher fühlte, ritt er in der Dämmerung zu einem Schmied, ließ seinem Schimmel die Hufeisen verkehrt herum aufsetzen und ritt so wieder in seine Höhle zurück. Er dachte, so würden die Feinde glauben, er sei ausgeritten. Sie fanden auch bald die Spur und dachten auch wirklich so. In der Hoffnung, Schätze zu finden, gingen sie aber dennoch in die Höhle und fanden da den Räuber schlafend vor. Einer machte sich über ihn her und erstach ihn. Seit jener Zeit jagte der Geist Peter Muggels noch oft auf seinem dreibeinigen Schimmel in der Nacht mit furchtbarem Gerassel und Getöse durch das Dorf Gießelrade. Er ritt dann zu einem großen Teich in der Nähe des Dorfes und tränkte dort sein Pferd. Ebenso kehrte er wieder in seinen Schlupfwinkel zurück. Jedermann mußte sich hüten, ihm zu begegnen. In einem Gehölz, westlich von Gothendorf bei Eutin, ist ein kleiner runder Platz die Grabstätte von Peter Muggel. ■

DER SEGEBERGER KALKBERG

Von der Entstehung des Segeberger Kalkberges erzählen die Leute so viele Geschichten, daß hier nur einige wiedergegeben werden können. Der Statthalter Heinrich Rantzau versichert, daß der Teufel den Berg aus dem kleinen See herausgetragen habe, der sich da in der Nähe befand, und der daher ebenso tief sei als der Berg hoch. Segeberg solle darum auch eigentlich Seeberg heißen. Man pflegt heute noch zu sagen: „Daß dich der tu plagen, der Segeberg hat getragen“. Andere erzählen, daß der Teufel einst den Felsen von einem weit entfernten Gebirge hergeholt habe, um damit die erste christliche Kirche in unserem Lande zu zerschmettern. Er trug ihn auf seinem Nacken bis Segeberg, mußte ihn da aber fallen lassen und konnte ihn nicht wieder aufheben. Man sagt auch, er wollte den Berg in den Großen Plöner See werfen, um mit der Flutwelle die Stadt Plön zu zerstören, da die Gottesfurcht und der Wohlstand ihrer Bürger ihn schon lange ärgerte. Er hatte den Felsen von Lüneburg geholt und flog damit durch die Luft, als ein altes Weib ihn erblickte und ihm schnell ihren bloßen Hintern zukehrte. Darüber erschrak der Teufel so sehr, daß er seine Bürde bei Segeberg fallen ließ.

Die Gleschendorfer hingegen versichern, daß der Kalkberg früher bei ihrem Dorfe gestanden habe, genau an der Stelle, wo jetzt der Kuhlsee läge. Hier wohnte der Teufel. Als aber in Segeberg ein Kloster erbaut wurde, war er darüber so erbittert, daß er den Berg aus der Erde riß und auf Segeberg zuwarf. Doch er verfehlte sein Ziel. Seit der Zeit gab es den Kuhlsee bei Gleschendorf. Der Teufel soll den Berg auch, als er noch bei Gleschendorf stand, einmal an die Lübecker verkauft haben. Als er ihn in der Nacht nun in die Nähe der Stadt tragen wollte, machte er einen großen Umweg. Als der Hahn krähte, mußte er den Berg fallenlassen. So blieb dieser bei Segeberg liegen. ■

Der 91 m hohe Segeberger Kalkberg besteht nicht aus Kalk, sondern aus Gips und Anhydrid und ist die Spitze eines unterirdischen Salzstockes

DIE SCHLACHT BEI BORNHOVED

Es war im Jahre 1227, da stand Graf Adolf mit seinen Holsten dem König Waldemar von Dänemark auf dem Felde bei Bornhöved gegenüber. Es war schon lange gekämpft worden, und seine Truppen begannen zu weichen, denn die Sonne schien ihnen ins Gesicht und die Dänen wehrten sich tapfer. Da flehte der Graf mit inbrünstigem Gebet zu der heiligen Maria Magdalena, deren Tag gerade war. Er verhieß ihr, ein Kloster zu bauen, wenn sie ihm helfe. Da erschien die Heilige in den Wolken, segnete das Heer und bedeckte mit ihrem Gewand die Sonne. Als die Holsten dieses Wunder sahen und Graf Adolf sie zugleich mit Worten ermunterte, faßten sie neuen Mut. Sie fielen den Dänen in den Rücken und schlugen diese vernichtend. In dieser Schlacht hatte der König Waldemar seinen Stand auf dem Hügel, der nach ihm der Köhnsberg heißt. Es ward ihm sein Pferd unter dem Leibe erschossen. Als der Rest seiner Soldaten geflohen war und es schon dunkel werden wollte, irrte er noch hilflos auf dem Schlachtfelde umher. Da traf der König auf einen schwarzen Ritter, der seinen Helm geschlossen hatte. Er bat den Ritter, er möge ihn für eine gute Belohnung nach Kiel in Sicherheit bringen. Der Ritter nahm ihn zu sich aufs Pferd und brachte ihn, ohne ein Wort zu sagen, nach Kiel. Als sie in den Schloßhof einritten und die Diener mit Fackeln erschienen, forderte ihn der König auf, seinen Helm zu öffnen. Auch solle er seinen Namen nennen, damit er seinen Lohn empfangen könne. Da schlug der Ritter das Visier zurück und alle erkannten erstaunt den Grafen Adolf selbst. Er wandte darauf sein Roß und ritt eilends zu seinen Leuten ins Lager zurück. ■

Blaue Stunde am Bornhöveder See
Novemberabend – bald bricht die Nacht herein und bleiche Nebelgeister ziehen über den See

DER RING IM MÜHLENTEICH

Vor langer Zeit stand eine Burg auf der Insel im Hohenfelder Mühlenteich. Der Graf, der dieselbe bewohnte, soll einst seinen Fingerring aus dem Schloßfenster ins Wasser geworfen und gesagt haben: „So gewiß ich diesen Ring nie wieder sehen werde, so gewiß werde ich auch niemals Not leiden. Holzarm und steinarm kann ich wohl werden, aber nie goldarm." Doch am anderen Morgen hatte der Jäger des Grafen einen Hecht geangelt, in dessen Magen die Köchin den Ring wiederfand. Nach wenigen Jahren war der Edelmann durch seine kostspieligen Bauten, seine unbegrenzte Prachtliebe und durch Prozesse so sehr in Schulden geraten, daß er all sein Hab und Gut verkaufen mußte. Als bettelarmer Mann zog er davon und wurde nie mehr gesehen.

Das Herrenhaus auf Gut Panker, ein um 1700 erbauter Dreiflügelbau. Das Gut ist seit 1945 Heimat der berühmten Trakehnerpferde und befindet sich im Besitz der Kurhessischen Hausstiftung.

Die 1842-1855 erbaute Blomenburg auf Gut Lammershagen bei Selent. Das Romantikschloß im Neuschwanstein-Stil war eine Antwort des Grafen Blome auf den neugotischen Aussichtsturm Hessenstein auf dem Pilsberg. Diesen hatte der Landgraf von Hessen, der auf Gut Panker residierte, zum Ärger seines Nachbarn errichten lassen. Graf Otto Blome ließ das nicht ruhen, und so baute er sich ein Neuschwanstein im eben diesem neugotischen Stil.

Wagrische Gutshöfe
Torhaus auf Gut Hasselburg bei Neustadt. Das Gut, im 15. Jh. erstmals erwähnt, ist heute Ort erlesener Klassik-Konzerte.

Gut Farve bei Oldenburg
Herrenhaus im englisch-romantischen Stil aus dem Jahre 1837

Das 1728 erbaute Herrenhaus auf Gut Güldenstein bei Lensahn ist ein bedeutendes Bauwerk des Spätbarock. Das ganz von Wasser umgebene Herrenhaus liegt in einem prächtigen, teilweise begehbaren Landschaftspark.

DIE MÜHLE IM VOGELSANG

Ein gottloser Müller betrieb die Mühle im Vogelsang bei Matzwitz, nahe Lütjenburg. Er konnte vom Geld nie genug bekommen. Sogar am heiligen Karfreitag trieb er seinen Gesellen zum Mahlen an, und dieser mußte vom Tag bis in die Nacht schuften. Der Geselle ward durch die schwere Arbeit sehr müde und geriet durch eine Unachtsamkeit zwischen das Räderwerk der Mühle. Zwischen den mächtigen Zahnrädern wurde der arme Mann in Stücke gerissen und kam elendig ums Leben. Seit diesem Tage wich nun aller Segen von der Mühle und dem Müller, so daß er seines Lebens nie wieder froh ward und in tiefe Schwermut verfiel. Zuletzt ließ er die verhängnisvolle Mühle abreißen und zog, von Gewissensbissen gemartert, fort in eine andere Gegend, wo er bald darauf starb. Man kann noch heute am Bache im Vogelsang eingerammte Pfähle und Trümmer des Mauerwerkes sehen. Des Nachts soll man dort ein unheimliches Klappern der Mühlenräder und das klägliche Geschrei des Gesellen hören.

Auf dem Gömnitzer Berg bei Neustadt
Eine umfassende Aussicht über Wagrien belohnt den „Bezwinger" dieses 99 m hohen Berges

Leuchtturm Neuland bei Behrensdorf
Seit 1918 leuchtet das Licht dieses sechseckigen Klinkerbaues über die Hohwachter Bucht und weist den Schiffen den Weg

GÖDEKE MICHEL UND DAS MÄDCHEN

Bei Putlos an der Ostsee, nahe Oldenburg, hatten Störtebekers Leute eines ihrer vielen Verstecke. Sie hatten dort viele unterirdische Gänge angelegt, in denen sie ihre Schätze verbergen konnten und durch die sie von ihrer Höhle bis an den Ostseestrand gelangten. Der Ausgang soll am Weinberg gelegen haben. Daher hat man noch heute in Oldenburg das Sprichwort: „Du kümms tau laat in'n Wienbarg." Es heißt, bei Oldenburg leben noch Störtebekers Nachkommen. Störtebekers Kumpan, der Gödeke Michel, soll einer Erzählung nach hier bei Putlos zu Tode gekommen sein, weil er sich in eine Bauerstochter verliebt hatte. In Wandelwitz, oder vielleicht war es in Kröß, lebte einmal ein großes, hübsches Mädchen. Eines Tages verschwand sie, und man wußte nicht, wo sie geblieben war. Die beiden Eltern grämten sich Tag und Nacht um ihr einziges Kind, jedoch war alles Suchen vergebens. Es vergingen sieben Jahre, und fast hatte man sie schon vergessen, da war sie mit einem Male wieder da und niemand wußte, wo sie auf einmal hergekommen war.
Die Freude der Eltern war groß, aber keiner konnte es aus ihr herausbringen, wo sie so lange gewesen war. Sie sagte, daß sie es nicht verraten dürfe. „So klag es dem großen Stein, der neben der Seitentür liegt", sagte da die Mutter. Da ging die Tochter hin, kniete nieder und sprach: „Stein, ich klag' dir meine Not, der Räuber hat mich nach dem Weinberg weggeholt." Und sie erzählte weiter, daß sie sieben Jahre bei ihm gewesen sei und ihm sieben Kinder geboren hätte. Gerne wäre sie wieder nach Hause gegangen, aber der Räuber hätte es nicht haben wollen. Aber ansonsten hätte sie es gut bei ihm gehabt und könne über nichts klagen. Als sie endlich die Erlaubnis erhielt fortzugehen, hätte sie ihm vorher versprechen müssen, keinem zu sagen, wo sie so lange gewesen war. Da schwor der Räuber, wenn sie nicht wiederkäme, würde er ihren Kindern die Köpfe abhauen und diese auf einen Weidenzweig stecken. Wenn sie aber wiederkäme und ihn verraten hätte, so würde er sie auch dazu umbringen. Während der Zeit, da sie dem Stein dieses klagte, stand die Mutter hinter der Tür und hatte alles gehört. Weil sie ihre Tochter gerne retten wollte, ersann sie eine List. Als diese zur bestimmen Zeit zur Räuberhöhle zurückkehren wollte, sagte die Mutter: „Hier ist ein Beutel mit Erbsen, den nimm, und wenn du gehst, laß eine Erbse nach der anderen fallen bis dahin, wo der Räuber wohnt." Die Tochter merkte wohl, was die Mutter im Sinne hatte. Sie hatte den Räuber in all den Jahre liebgewonnen, aber da sie nun wieder zu ihm sollte, graute ihr doch vor ihm. Sie nahm daher den Beutel und tat, wie ihr gesagt worden war.
Der Räuber war hocherfreut, als sie wiederkam und nahm sie aufs beste auf. Aber bald kam sie ihm doch wunderlich vor, und er wußte nicht, was er denken sollte. „Komm", sagte er, „kämm mir das Haar und lause mich ein wenig!" Und damit legte er ihr seinen Kopf in den Schoß. Wie sie nun saß und tat, wie er ihr gesagt hatte, mußte sie an ihren Verrat denken. Er hatte sie doch immer so lieb gehabt, und nun würden wohl bald die Leute aus dem Dorfe kommen und ihn totschlagen. Da ward ihr weich, und die Tränen fielen ihr aus den Augen nieder in den Schoß. Als der Räuber nun die warmen Tropfen im Gesicht fühlte, da sprang er auf, ergriff ihre Kinder und tötete eins nach dem anderen. Die Köpfe steckte er auf einen Weidenzweig und hängte sie in der Höhle auf. Das mußte sie erst alles mit ansehen, und darauf wollte er sich auch über sie hermachen. Aber gerade in diesem Augenblick kamen die Wandelwitzer, die der Erbsenspur gefolgt waren, in die Höhle gestürmt und schlugen den Räuber tot. So wurde die Tochter gerettet, doch sie wurde in ihrem Leben nicht wieder froh und glücklich. ■

DIE SAGE VOM PFENNIG-PFUHL BEI DAHME

Bei Dahme stand einst eine Burg, auf der vor vielen hundert Jahren ein mächtiger und reicher Graf lebte. In seiner Jugend zog er mit dem Kaiser auf einen Kreuzzug ins Heilige Land. Dort brachten ihm seine Reitersknechte eine junge Sarazenin, die sie gefunden hatten. Der Graf aber schenkte ihr die Freiheit. Zum Dank gab sie ihm ein Kästchen. Darin waren ein Goldpfennig und ein Eisenpfennig. Sie sagte: „Hebt das Kästchen gut auf. Den Goldpfennig gebt nur aus, wenn Ihr ein großes Unglück abwenden könnt. Ist aber der Goldpfennig einmal fort, so dürft Ihr Euch von dem Eisenpfennig nicht mehr trennen, sonst wird das Unglück noch größer.“ Nach Jahren kam der Graf wieder in seine Heimat zurück. Da war sein Töchterchen inzwischen zu einer schönen Jungfrau herangewachsen. Das Mädchen war jedoch von einem bösen Zauber befallen. Es tobte jede Nacht, schrie und zerschlug alles, was in seine Hände kam. Der Graf grämte sich sehr um sein Kind und ließ viele berühmte Ärzte kommen, aber keiner konnte es gesund machen. Die Krankheit wurde immer ärger. Und schließlich mußte er die Tochter aus der Burg schaffen lassen. Weit vor der Stadt, im Walde, ließ er für sie ein kleines Haus bauen. Darin wohnte sie mit einer Dienerin und einem alten, treuen Knecht.

Nun begab es sich, daß eines Tages ein armer, fahrender Musikant auf dem Dahmer Burghof aufspielte. In der Knechtestube wurde ihm eine gute Mahlzeit gereicht. Beim Essen erzählten ihm die Knechte von der unglücklichen Grafentochter. Da ging der Musikant zum Grafen und sagte: „Ich will Eure Tochter gesund machen, wenn Ihr mir einen Wunsch erfüllt, den ich Euch übers Jahr sagen will, wenn ich wiederkomme.“ Das sagte der Graf gern zu. Dann erbat sich der Musikant die kleinste Goldmünze, die in der Burg zu finden war. Es waren aber nur große Goldgulden da. Da fiel dem Grafen das Kästchen aus dem Morgenland ein und der Goldpfennig, der darin lag. Er mußte auch an die Worte der Sarazenin denken. So konnte er den Goldpfennig gern hingeben, um das Unglück von seiner Tochter abzuwenden. Schnell holte er das Kästchen und gab dem Musikanten den kleinen Goldpfennig. Dieser aber stieg damit auf den höchsten Turm der Burg und warf ihn mit mächtigem Schwung durch die Luft gegen die untergehende Sonne. Einige Tage darauf kam der alte Knecht aus dem Waldhaus auf die Burg gelaufen und erzählte dem Grafen: „Eure Tochter ist ganz gesund geworden. Sie saß vor drei Tagen beim Sonnenuntergang vor der Türe. Da flog etwas mit hellem Klingen an die kleine Wetterfahne des Hauses. Von dort prallte es ab und fiel dem Edelfräulein in den Schoß. Und das war ein kleines Goldstück. Seit dem Augenblick ist der böse Zauber von Eurer Tochter gewichen.“ Nun war große Freude in der Dahmer Burg. Die Grafentochter aber wollte nicht mehr in die finstere Burg zurückkehren. Es gefiel ihr draußen im Walde viel besser. Da ließ ihr der Graf dort draußen ein kleines, prächtiges Schloß bauen, das hieß Güldenpfennig.

Ein Jahr darauf kam der Spielmann wieder und forderte seinen Lohn vom Grafen. „Gebt mir Eure Tochter zur Frau,“ sagte er. Der alte Graf erschrak sehr. Einen armen Musikanten sollte seine Tochter heiraten? Da schämte er sich. So bot er ihm viel Geld und schöne Pferde an, damit der Musikant von seinem Wunsche lasse. Der aber bestand darauf, daß der Graf sein Versprechen einlösen solle. Da wurde der Graf zornig und ließ den Musikanten aus der Burg jagen. Im andern Jahr aber vermählte er seine Tochter mit einem reichen, jungen Edelmann aus dem Thüringer Land. Am Hochzeitstage erschien der Spielmann wieder in der Burg und

„Meer-Quartett“ am Dahmer Ostseestrand

spielte ein lustig Stücklein auf dem Burghof. Es war indessen niemand in der Burg als eine alte Dienerin, denn alle übrigen waren draußen im Schloß Güldenpfennig, wo die Hochzeit gefeiert wurde. Die Dienerin suchte nach einem kleinen Geldstück, das sie dem Musikanten für sein Spiel schenken konnte. Endlich fand sie ein Holzschächtelchen. Darin lag eine kleine eiserne Münze. Die gab sie dem Musikanten. Der aber stieg mit dem Eisenpfennig auf den Burgturm und warf ihn mit großem Schwung in Richtung der Abendsonne. Er flog klirrend an die Wetterfahne von Schloß Güldenpfennig. In dem Augenblick erscholl ein furchtbarer Donnerschlag, und das Schloß mit der Hochzeitsgesellschaft sank in die Tiefe. Die Stelle, wo das Schloß versank, heißt noch heute der Pfennig-Pfuhl.

Erich verwüstet Fehmarn

Zweimal hatten die Fehmarnschen schon das große Heer des dänischen Königs zurückgeschlagen, und er vermochte nicht mit seinen Schiffen das Land zu gewinnen. Da wurden die Einwohner und deren Verbündete, die Holsten, übermütig und überzogen die abziehenden Dänen mit Spott und Hohn. Sie zeigten ihnen den Hintern und sangen: „Wenn de Koh kann Side spinnen, sall König Erich unser Land gewinnen." Darüber aber ergrimmten der König und seine Leute so, daß sie die Insel zum dritten Male angriffen. Jetzt hatten sie sich geschworen zu gewinnen oder lieber alle zu sterben. Die Einwohner wehrten sich tapfer und erschlugen eintausendfünfhundert Dänen, darunter des Königs Vetter und viele Edelleute und Ritter. Es gelang den Dänen nach erbittertem Kampf aber endlich, in das Fehmarnsche Land vorzudringen. Hier wüteten sie nun wie tolle Hunde und nahmen grausam Rache für die Schmähungen. Sie machten keine Unterschiede zwischen geistlich und weltlich, jung und alt, Mann und Weib. Frauen wurden geschändet und dann greulich getötet und viele Kinder ertränkt. Andere ließ der König aussetzten auf eine öde Insel, daß sie elendig verdursteten und verhungerten. Es scharte sich eine Anzahl Jungfrauen zusammen, die machten einen Reigen und gingen tanzend vor ihn hin und sangen dazu, weil sie dachten, ihn so zur Barmherzigkeit zu lenken. So wie aber jede vor ihn kam, ließ er sie nacheinander erstechen. Zweihundert und mehr Leute hatten sich in eine Kirche geflüchtet, wo sie sich in Sicherheit wähnten. König Erich aber ließ sie hervorziehen und ohne Barmherzigkeit nackt und bloß in den Dreck werfen wie Schweine. Dann wurden sie wie Frösche aufgespießt, daß ihr Blut in Bächen in den Straßen floß. Danach beraubte er die Kirchen und schonte nicht die heiligen Sakramente und Kleinode.

Fehmarn
Brandung am Flügger Steert

Kirchen, Häuser und Dörfer wurden zerstört und bis auf den Grund niedergebrannt und alles Lebende getötet, so daß nicht ein Hund im Lande lebendig blieb. Wie von Sinnen wüteten die Dänen, doch als der König die Verödung sah, da überkam ihn ein Grausen. Als dann eines der geraubten heiligen Bilder Blut schwitzte, ließ er ausrufen, daß, wer noch am Leben wäre, hervorkommen solle. Keinem solle mehr Böses geschehen. Da waren von allen Einwohnern noch drei am Leben. Einer hatte sich in der Landkirchener Kirche verborgen, der andere in einer Waldschlucht bei Burg und der dritte in der Vitzeldorfer Steinkiste, einem alten Hünengrab. Es gibt diese Orte noch heute, und König Erich ist auch bis auf den heutigen Tag noch nicht vergessen. Er aber hat für seines Lebens Zeit danach nicht wieder froh werden können, und sooft er an den Tag, da er Fehmarn eroberte, nur dachte, hat er immer bitterlich geweint. ■

Auf der Insel Fehmarn
Heimatmuseum in Burg

DAS GESCHENK DER HEXEN

Spätabends ging ein Musikant von Todendorf nach Puttgarden. Auf der Mitte des Weges begegneten ihm eine Menge Hexen, die ihn sogleich umringten und sagten: „Spiel uns was vor." Vor Angst konnte er zuerst nicht sprechen, brachte es aber doch endlich heraus und sagte, daß er keine Violine hätte. „Tut auch nicht nötig", antworteten die Hexen, „wir haben eine." Als er nun zu spielen begann, tanzten sie wild um ihn her und sprangen haushoch. Als sie endlich müde waren, gaben sie dem Mann zum Lohn eine Schürze voll Kröbeln, eine Art Apfelkuchen. Auch die Violine durfte er behalten. Als er zu Hause ankam, legte er die Violine und die Kröbeln auf die Essigbank, einen Ofenschrank, und ging zu Bett. Am anderen Morgen aber, als er seine Hexengeschenke besehen wollte, war die Violine zu einer alten Katze, der Bogen zu einem Schwanz und die Kröbeln zu Pferdedreck geworden.

Kirche St. Petri in Landkirchen

Leuchtturm Flügger Steert

Inszenierung der Natur
Nach nächtlichem Sturm hebt sich der Wolkenvorhang für den morgendlichen Auftritt der Sonne über der Ostsee

DAS VERSTEINERTE BROT

Es lebten einmal zwei Schwestern, von denen die eine sehr reich war. Sie hatte ein hartes Herz und war boshaft. Die andere aber hatte für ihre große Kinderschar kaum einen Bissen Brot. An einem Sonntag morgen nahm sie einen Messingkessel, das einzige wertvollere Stück, das sie noch besaß, über den Arm und ging zu der reichen Schwester mit der Bitte, ihr darauf ein Brot oder etwas Korn zu leihen. Aber die hartherzige Schwester wies sie ab und sagte, sie hätte nichts im Hause. Als die andere aber dringend bat, schwor sie sogar, wenn sie etwas hätte, solle ihr Brot gleich zu Stein werden. Weinend ging die Frau zu einem Manne, der gutherzig war und ihr auf den Kessel einen Scheffel Weizen gab. Unterdes kam der Mann der reichen Schwester aus der Kirche zurück. Da ihn nach dem weiten Weg der Hunger plagte, bat er seine Frau, ihm noch vor Mittag ein Butterbrot zu geben. Als diese nun zum Schrank ging, war das Brot schwer wie Stein und das Messer glitt ab, sooft sie es ansetzte. Da mußte sie ihrem Manne gestehen, was geschehen war und was sie gesagt hatte. Von der Zeit an zerrann ihr Reichtum, und schließlich mußte sie um ihr Brot betteln. Aber der armen Schwester verhalf Gott zu ihrem Auskommen, so daß sie ihre Kinder ernähren und redlich erziehen konnte. ■

Lübeck und Travemünde

Lübeck wurde 1143 als Handelsplatz gegründet und war vom 13. bis 15. Jh. Urgrund und Hauptstadt der Hanse. Die Stadt ist gotische Backsteinarchitektur pur! Ein „Stadtdenkmal als Gesamtkunstwerk" befand die UNESCO und erhob die Stadt 1987 zum Weltkulturerbe. Neben dem berühmten Holstentor sind es vor allem die Lübecker Kirchen, die beeindrucken. Schon aus der Ferne grüßen die sieben Türme der Stadt. Der Dom mit seinen zwei Türmen ist die alte Bischofskirche, deren Grundstein 1173 durch Heinrich den Löwen gelegt wurde. Daneben St. Aegidien, die Kirche der Handwerker und Bürger, gefolgt von St. Petri, einer Kaufmannskirche. Beeindruckend auch die zwei Türme von St. Marien, der gewaltigen Ratskirche. St. Jakobi war immer Haus der fahrenden Seeleute. Nur St. Katharinen ist aus der Ferne nicht zu sehen, wurde sie doch ohne Turm erbaut. Sie ist die einzig erhaltene Klosterkirche der Stadt und wurde im 13. Jh. durch den Franziskanerorden als dreischiffige Backsteinbasilika erbaut.

Die gewaltige Marienkirche wurde zwischen 1260 und 1351 errichtet, und ihre beiden 125 m hohen Türme dominieren das Stadtbild. Das 80 m lange Mittelschiff der Kirche ist mit einer Höhe von 40 m das höchste Backsteingewölbe der Welt. Bei dem ersten Flächenbombardement des 2. Weltkrieges durch englische Bomber in der Nacht vom 28. auf den 29. März 1942 wurde der Bau weitgehend zerstört und viele kostbare Schätze vernichtet. Doch durch den Bürgerwillen konnte die Kirche in zwölfjähriger Arbeit wieder aufgebaut werden, und seit 1968 erklingt hier wieder eine der weltgrößten Kirchenorgeln. Direkt neben St. Marien steht das Haus Nr. 4 an der Mengstraße, bekannt als Buddenbrookhaus. Das 1758 errichtete Patrizierhaus kam durch Einheirat in den Besitz der Familie Mann. Der 1875 geborene Thomas Mann beschrieb seine eigene Familiengeschichte in dem weltberühmten Roman „Die Buddenbrooks". Heute befindet sich ein Literaturzentrum im Haus. Um die Ecke, in der Breiten Straße, steht das Rathaus. Die Stile aller Epochen, vom frühen 13. Jh. bis heute, sind hier zu sehen. Das Haupthaus, 1340-1350 im gotischen Stil errichtet, wurde 1483 durch das Kanzleihaus erweitert, und 1570 kam an der Fassade zur Breiten Straße eine Laube im Stil der Renaissance hinzu. Am Koberg gründeten Lübecker Kaufleute im Jahre 1280 das Heiligen-Geist-Hospital als Stiftung für arme und kranke Bürger. Die Backsteinfassade mit dem gotischen Giebel und den vier minarettartigen Türmen zeigt eindrucksvoll mittelalterliche Baukunst. Im Inneren können die hölzernen Kranken- und Wohnverschläge in ihrem Originalzustand besichtigt werden. Es ist heute das größte und besterhaltenste mittelalterliche Hospital Deutschlands. Wohltätige Stiftungen für Arme waren auch die noch erhaltenen Wohnhöfe der Altstadt. Bei einem Stadtrundgang sind auch die vielen kleinen Gänge und Hinterhöfe sehenswert. Hier siedelten sich seit dem Mittelalter die Zünfte an. Schornsteinfegergang, Branntweinbrennergang und viele andere sind nur durch schmale Durchgänge von der Straße her zu erreichen.

Ein Ausflug nach Travemünde ist immer ein Erlebnis. In einzigartig schöner Lage an der Mündung der Untertrave zwischen Priwallstrand und Brodtener Steilufer gelegen, gehört das drittälteste deutsche Seebad seit 1913 zu Lübeck. Abgesehen von dem etwas zu sehr ins Auge fallenden Hochhaus des Maritimhotels besitzt der Ort viel Charme. Der historische Ortskern mit den alten Fischerhäusern, die sich um die St. Lorenzkirche scharen, und die Flaniermeile der Vorderreihe, direkt an der Untertrave, strahlen ein fast schon mediterranes Flair aus. Wenn vom großen Fährterminal am Skandinavienkai die Schiffe zum Greifen nahe seewärts gleiten und vom Meer eine Brise weht, ist die Urlaubsstimmung perfekt!

Abendsonne auf dem Lübecker Holstentor. Links die Türme von St. Marien, rechts die Petrikirche. 1464-1478 nach flandrischem Vorbild erbaut und einst Teil der Stadtmauer, ist das Tor heute ein weithin bekanntes Symbol der Stadt

St. Jürgen vor Travemünde

In uralten Zeiten hauste in der sogenannten Siechenbucht vor Travemünde ein greulicher Wassermann namens Roggenbuk. Der hatte eine Harfe aus Totenknochen, auf der er betörend zu spielen verstand. Wer das hörte, konnte nicht widerstehen und sprang ins Wasser, in die Arme Roggenbuks. Der Wassermann aber brach ihnen das Gebein auseinander und suchte sich die besten Knochen für sein Spiel heraus, denn er konnte es nicht vollkommen genug kriegen. Den Leib gab er seinen Fischen und Seeungeheuern zum Fraß. Allen Menschen war bange vor diesem greulichen Unhold, und keiner mehr wagte sich in die Nähe. Auch kein fremdes Schiff machte mehr vor Travemünde fest und die Gegend verwaiste. Endlich ward eine alte weise Frau mit dem Wassermann einig und er sagte, daß er zufrieden sein wolle, wenn man ihm in jedem Jahr zu Mittsommer eine reine Jungfrau opferte.

So geschah es denn, daß das Opfer an den Ort gebracht wurde, wo jetzt das Siechenhaus St. Jürgen steht, mit Blumen geschmückt und mit Weiden gebunden. Dann kam der Wassermann, betörte durch sein Spiel der Jungfrau Sinne und verschwand mit ihr unter Wasser. Die Leute aber hatten für das Jahr Ruhe, sofern sie ihn nicht neckten. So ging es Jahr für Jahr, und viele unschuldige Mädchen mußten ihr Leben lassen. Als eines Tages ein schönes und frommes Mädchen mit Klagegesang zum Opferplatz geführt wurde, sprengte von der Höhe herab ein leuchtender Ritter, auf weißem Roß, das Banner des Kreuzes in seiner Hand. Als er die Traurigkeit sah und erfuhr, was im Werke war, erbot er sich, wenn man ihm ein Haus und Almosen verspreche, das Land von dem Ungetüm zu befreien. Mit Freuden willigte das Volk ein und vermaß sich des Höchsten. Der Ritter aber ließ alle nach Hause gehen, auf daß sie nicht durch des Wassermanns Tücke betört würden. Nun sprach er dem Mädchen, das in Todesangst zitterte und bebte, guten Trost zu, lehrte sie den rechten Glauben und taufte sie in des Herrn Namen. Alsbald wogte das Meer auf, und der Wassermann kam als scheußlicher Drache daher, um beide zu verschlingen. Der Ritter aber schwang sich auf sein weißes Roß, sprang ihm entgegen und stieß ihm sein leuchtendes Banner tief in den Rachen. Da ließ das Ungetüm mit schrecklichem Stöhnen sein Leben. Nun befreite der Ritter die ohnmächtige Jungfrau von ihren Fesseln und befahl ihr, als sie wieder zu sich kam, den Leuten zu sagen, daß sie ein Haus an dieser Stelle errichten und unterhalten sollten. Es solle ein Obdach für die Elenden und Siechenden sein, die bisher, nach des Ortes Gebrauch, totgeschlagen wurden.

Als die Menge auf des Mädchens Zurufen herbeikam, war der Ritter plötzlich verschwunden. St. Jürgen hieß das für die damaligen Tage stattliche Haus, das in nur kurzer Zeit errichtet wurde. Im Inneren wurden Wandbilder angbracht, welche die Heldentat des Ritters zeigten. Den Drachen aber fuhr man hinaus aufs Meer und senkte ihn in die Tiefe. Da ist er zu einem Stein geworden, der von den Fischern Roggenbuk genannt ward. Langsam treibt er jedoch zurück, und käme er eines Tages wieder zum Haus an der Siechenbucht, so solle es der Stiftung schlecht ergehen. Doch das wird der liebe Gott in Gnaden verhüten. ■

Brodtener Steilufer zwischen blühenden Feldern und blauem Meer
Der Hochuferweg zwischen Niendorf und Travemünde zählt zu den beliebtesten Spaziergängen an der Lübecker Bucht

DER PRIWALL BEI TRAVEMÜNDE

Der Priwall bei Travemünde ist eine schmale Landzunge, welche die Mündung der Trave von der Pötenitzer Wiek trennt. Der Sage nach ist sie durch die Riesen, welche sich hier in grauer Vorzeit niedergelassen hatten, entstanden. Die Riesen bauten aber nicht mit Absicht und zu gutem Zweck diesen Wall. Aus Langeweile warfen sie Steine über die Oberfläche des Wassers, wie man es mit flachen Kieselsteinen macht, so daß diese über das Wasser hüpften. Als sie so viele Steine zusammengeworfen hatten, daß die Trave damit zugeschüttet und aufgestaut war, stellten sie den freien Abfluß des Wassers wieder her, indem sie die Steine auftürmten und ihr Werk „Priwall" nannten. ■

Travemünder Impressionen
Seit 1539 wies der alte Leuchtturm den Schiffen den Weg. Heute trägt das Hochhaus des Maritim-Hotel das Leuchtfeuer; es mit 130 m das höchste der Welt.

Die Viermastbark Passat im Priwallhafen; seit 1957 Museumsschiff

Eindrucksvoll gleitet eine Skandinavienfähre die Trave hinauf.
Travemünde ist mit dem Skandinavienkai einer der bedeutendsten deutschen Fährhäfen für den Verkehr nach Skandinavien.

STEINALT

Daß das Wort „steinalt" zu Recht besteht, kann man in Lübeck erfahren, denn dort erzählt man sich noch heute die folgende Sage: Es soll an die fünfhundert Jahre her sein, da lebte in Lübeck ein reicher alter Kaufherr. Ihm waren längst die Frau und schon alle seine Kinder gestorben. Er aber wollte vom Sterben nichts wissen und jedesmal, wenn der Tod Nachfrage hielt, schickte er ihn wieder fort. Er alterte immer mehr, wurde dürr am Körper und kindisch im Geist. Eines Tages, da war es dann doch mit ihm endlich so weit, daß er den Tod herbeisehnte. Der aber kam nicht, und seine Sehnsucht, nun sterben zu können, wurde groß. Da fiel ihm ein, daß der Tod um Mitternacht in der Marienkirche umgehe. Er machte sich auf, fand aber die Kirchentüren verschlossen. Doch da sah er eine hohe Leiter stehen, die den Bauleuten diente. Mühsam stieg er die hinauf, kam aber nur bis zum ersten Dach, weiter konnte er nicht, denn die Leiter war zu Ende. So hockte er sich an die Wand. Man fand ihn am anderen Morgen. Er war aber durch nichts von der Stelle zu bewegen. Jeden Neujahrstag brachte der Küster ihm eine Oblate vom Tisch des Herrn. Aber der Küster wurde alt und starb, und der neue wußte nichts von dem Alten dort oben. Wie lange er dort saß, weiß man nicht. Als ihn Dachdecker fanden, war er zu Stein geworden.

Lübecker Dachansichten
Im Hintergrund die Türme der Marienkirche, rechts der Giebel der Schiffergilde

Lübeck
Das Burgtor, 1444 als Teil der Stadtmauer erbaut

Giebelfront an der Obertrave mit dem Turm von St. Petri

Die zwei Türme des Doms, über dem Mühlenteich

REBUNDUS IM DOM ZU LÜBECK

Zu früheren Zeiten war es Sitte, wenn ein Domherr zu Lübeck bald sterben sollte, unter sein Stuhlkissen im Chor eine weiße Rose zu legen. So schaute jeder, wenn er des Morgens zur Andacht kam, zuerst unter sein Kissen, ob diese Grabesverkündigung darunter läge. Es geschah, daß einer der Domherren namens Rebundus eines Morgens diese Rose unter seinem Kissen fand. Doch weil sie in seinen Augen mehr ein schmerzlicher Dornstachel als eine Rose war, nahm er sie behende weg und steckte sie unter das Stuhlkissen seines Nachbarn, obgleich dieser schon darunter nachgesehen und nichts gefunden hatte. Rebundus fragte darauf, ob er nicht sein Kissen umkehren wolle. Der andere entgegnete, daß er es schon getan habe. Aber Rebundus redete ihm weiter zu, er habe wohl nicht recht hingesehen und solle noch einmal nachschauen, denn ihm dünke, es habe etwas Weißes darunter geschimmert, als er dahingeblickt. Da wendete der Domherr sein Kissen um und fand die Grabblume. Hierauf wurde dieser zornig und sprach von Betrug, denn er habe gleich anfangs genau hingeschaut und unter seinem Sitz keine Rose gefunden. Damit schob und stieß er sie dem Rebundus wieder unter sein Kissen. Doch dieser wollte sie sich nicht wieder aufdrängen lassen, und einer warf dem anderen die Rose zu, worauf ein Streit und heftiges Gezänk zwischen ihnen entstand.

Jetzt eilten die anderen Domherren herbei, um die beiden Streithähne auseinanderzubringen. Rebundus aber wollte durchaus nicht eingestehen, daß er die Rose zuerst gehabt hatte, sondern beharrte auf seinem unwahrhaftigen Vorgeben. Da sprach der andere aus verbitterter Ungeduld einen Wunsch aus: „Gott wolle geben, daß der von uns beiden, welcher Unrecht hat, in Zukunft statt der Rosen zum Zeichen werde und wann immer ein Domherr stürbe, der Schuldige in dessen Grabe klopfen möge, bis an den jüngsten Tag!“ Rebundus, der diese Verwünschung wie einen leeren Wind achtete, sprach frevelig dazu: „Amen! Es sei also!“ Kurz darauf starb Rebundus und ward auf dem Kirchhof begraben. Seitdem hat es unter seinem Grabstein, sooft eines Domherrn Ende nahte, entsetzlich geklopft. So ist das Sprichwort entstanden: „Rebundus hat sich gerührt, es wird ein Domherr sterben!“

Eigentlich war es kein bloßes Klopfen, sondern es gab unter seinem sehr großen, langen und breiten Grabstein drei Schläge, die wie lauter Donner oder Kanonenschüsse hallten. Beim dritten Schlag drang über dem Gewölbe der Schall der Länge nach durch die ganze Kirche, mit so starkem Krachen, daß man denken konnte, das Gewölbe würde einstürzen und die ganze Kirche in sich zusammenbrechen. Es wurde dann nicht bloß in der Kirche, sondern auch in den umstehenden Häusern vernehmlich gehört.

Einmal hat sich Rebundus an einem Sonntag zwischen neun und zehn Uhr mitten in der Predigt geregt. Er hat so gewaltig angeschlagen, daß einige Handwerksgesellen, welche auf dem Grabstein stehend die Predigt anhörten, wie durch ein Erdbeben vom Stein stürzten. Beim dritten entsetzlichen Schlag wollte jedermann zur Kirche hinausfliehen, in der Meinung, sie würde gleich einstürzen. Der Prediger aber faßte Mut und rief der Gemeinde zu, dazubleiben und sich nicht zu fürchten. Es wäre nur ein Teufelsgespenst, das den Gottesdienst stören wolle und das man verachten müsse. Nur ein fester Glaube könne ihm Trotz bieten. Einige Wochen nach diesem Ereignis verblich des Dechants Sohn, und auch hier tobte Rebundus; denn er tat desselben auch, wenn eines Domherrn naher Verwandter bald zu Grabe getragen wurde.

Herzogtum Lauenburg und Stormarn

Das alte Herzogtum Lauenburg, seit 1945 zum Bundesland Schleswig-Holstein gehörend, hat eine bewegte Geschichte. Diese sei hier aber nur kurz angeschnitten. Zusammen mit den Herzogtümern Schleswig und Holstein kam Lauenburg im Jahre 1460 unter dänische Oberhoheit. Der Vertrag zu Ripen (siehe auch S. 6) sicherte den Kleinstaaten eine gewisse Selbständigkeit und territoriale Integrität zu. Das hielt nicht lange, und nach mehreren Teilungen wurde Lauenburg im Jahre 1815 kurzzeitig preußisch. Preußen trat das Herzogtum aber bald wieder an Dänemark ab. 1864 kam es zwischen Dänemark und dem mit Österreich verbündeten Preußen zum Krieg. Die Dänen verloren den Krieg und damit auch die Herzogtümer Schleswig, Holstein und Lauenburg. Nun hatte für kurze Zeit der österreichische Kaiser ein Miteigentumsrecht im Lauenburgischen. Für 2,5 Millionen dänische Taler trat er das jedoch auch bald wieder an Preußen ab. Nachdem es zwischen Preußen und Österreich zum Bruch und zur Schlacht bei Königgrätz kam, fielen den siegreichen Preußen die Herzogtümer im Prager Friedensvertrag von 1866 vollständig zu. Lauenburg trägt heute noch offiziell die Bezeichnung Herzogtum, auch wenn es keinen Herzog mehr hat.

Einst siedelten hier die slawischen Volksstämme der Wenden und Polaben. Das westlich gelegene Stormarn stand unter sächsischem Einfluß. Im Jahre 810 ließ Kaiser Karl der Große gegen Angriffe aus den slawischen Gebieten den Sachsenwall errichten. Dieser „Limes Saxoniae“ verlief in weiten Teilen auf der heutigen Grenze zwischen dem Herzogtum Lauenburg und dem Kreis Stormarn. Nahe Nütschau bei Bad Oldesloe sind noch Reste des Walls zu erkennen. Auf einer Insel im Ratzeburger See erbaute der polabische Fürst Ratibor eine Burg. Diese „Raceburg“ war die Keimzelle des heutigen Ratzeburg. Der Sachsenherzog Heinrich der Löwe begann hier 1143 mit der Christianisierung, und 1160-1220 wurde als steinernes Zeichen des Christentums der mächtige romanische Dom zu Ratzeburg erbaut. Bis heute ist dieses Bauwerk in seiner ursprünglichen Form erhalten. Ratzeburgs Altstadt kann sich einer landschaftlich hervorragenden Lage rühmen und ist eine der am schönsten gelegenen Kleinstädte Deutschlands. Südlich von Ratzeburg wartet das Städtchen Mölln mit einer hübschen, von Fachwerk geprägten Altstadt auf. Das 1373 erbaute gotische Rathaus ist neben dem Lübecks der bedeutendste Rathausbau Schleswig-Holsteins. Samuel Hahnemann, der Begründer der Homöopathie, lebte und arbeitete um 1800 in Mölln. Der wohl berühmteste Einwohner der Stadt war jedoch Till Eulenspiegel. 1300 in Kneitlingen bei Braunschweig geboren, verbrachte der Schalk viele Jahre in Mölln. Als er hier 1350 an der Pest starb, waren seine Streiche weithin bekannt und wurden bereits 1378 erstmals als Geschichten gedruckt.

Möllner See und Schulsee, die beiden Stadtseen Möllns, setzen sich in einer Kette schöner Waldseen bis zum Drüsensee fort. Hier schließt sich das Hellbachtal an, das zu den schönsten Talauen des Nordens zählt. Das Tal gehört zum Naturpark Lauenburgische Seen. Dieser 444 km^2 große Naturpark wurde 1960 als erster der fünf Naturparks Schleswig-Holsteins ins Leben gerufen. Bäche, Wiesentäler, ausgedehnte Wälder und 40 Seen mit klarem Wasser prägen diese von der Eiszeit geformte Landschaft. Mit einem Waldanteil von 25 % ist dieser Naturpark das waldreichste Gebiet Schleswig-Holsteins. Der buchtenreiche Schaalsee mit seinen vielen Inseln und Halbinseln ist mit 72 m der tiefste, und mit 2298 ha Wasserfläche auch einer der größten Seen der norddeutschen Tiefebene. Die Unzugänglichkeit infolge der bis 1990 durch den See verlaufenden Grenze zur DDR bewahrte eine überaus reiche Natur. 1997 wurden der See und die angrenzenden mecklenburgischen Gebiete zum Biosphärenreservat erklärt.

Sonnenaufgang über dem Drüsensee bei Mölln
Wenn die Sonne ihr Gold über die Welt schüttet und das große Vogelkonzert hier seinen Höhepunkt findet, lebt die Welt in tiefem Frieden

DER WODE

Den wilden Jäger, auch Wode genannt, haben viele Leute in den „Zwölften", das sind die Nächte von Weihnachten bis zum Dreikönigsfest, ziehen sehen. Besonders aber am Weihnachtsabend spukt der Wode durch die Nacht. Er ist ein großer, hagerer Mann in eiserner Rüstung, aus dessen Augen feuriger Zorn sprüht. Er reitet einen großen, schneeweißen Schimmel, und ein Jäger mit vierundzwanzig wilden Hunden folgt ihm zu Fuß. Seinen Namen hat er von seinem Jagdruf „Wod! Wod!", der schon von weitem hörbar durch die Nacht hallt. Auch ist von Zeit zu Zeit ein „Hoho, Hallo! Hallo! Halt den Mittelweg!" zu hören. In der Mitte der Straßen und Wege darf er nämlich nicht reiten, weshalb die Menschen des Nachts am besten in der Wegesmitte gehen. Wo er durchzieht, da stürzen die Zäune krachend zusammen und der Weg ebnet sich vor ihm, doch gegen Morgen richten sich die Zäune wieder auf. Manche Leute behaupten, sein Pferd habe nur drei Beine. Er reitet stets die gleichen Wege an den Türen der Häuser vorbei, und zwar so schnell, daß seine Hunde ihm nicht immer zu folgen vermögen, so daß man sie keuchen und heulen hört. Schon manchmal ist einer von ihnen liegengeblieben. So fand man einmal einen von Wodes Hunden auf einem Hof in Wulfsdorf, einen anderen in Fuhlenhagen neben der Feuerstelle, wo er sich hingestreckt hatte, ständig heulend und schnaufend, bis ihn am folgenden Weihnachtsabend der Wode wieder mitnahm. In solcher Nacht darf man keine Wäsche im Freien hängen lassen, denn die Hunde würden sie zerreißen. Alle Bewohner müssen still zu Hause bleiben. Läßt man die Türen offen, so zieht der Wode durch das Haus, und seine Hunde verzehren alles, was sich im Hause Genießbares vorfindet. Deshalb soll man auch nicht backen, denn die Hunde würden allen Brotteig verzehren. Einst war der Wode auch in das Haus eines armen Bauern geraten, und die Hunde hatten alles aufgezehrt. Der Arme jammerte und fragte den Wode, wer ihm den Schaden ersetze, den die Hunde angerichtet hätten. Der Wode antwortete, er werde alles bezahlen. Bald nachher erschien er mit einem toten Hunde und befahl dem Bauern, den Kadaver in den Schornstein zu werfen. Das tat der Bauer, da platzte der Balg, und lauter blanke Goldstücke fielen heraus.

Der Wode hat einen bestimmten Weg, den er alle Jahre in den „Zwölften" reitet. Dieser führt rings um Krumesse herum, über das Moor nach Beidendorf zu. Wenn er angebraust kommt, müssen die Unterirdischen, ein Zwergenvolk, flüchten, denn er will sie von der Erde vertreiben. Neben den Unterirdischen sind auch Räuber, Mörder, Hexen und alle bösen Menschen Ziel seiner Jagd. Ein alter Bauer brach einmal spät von Beidendorf auf und wollte noch nach Krumesse gehen. Plötzlich bemerkte er, wie die Unterirdischen dahergelaufen kamen. Sie waren aber gar nicht ängstlich und riefen ganz munter: „Heute kann er uns nichts anhaben, er soll uns nur in Ruhe lassen, denn er hat sich heute morgen noch nicht gewaschen." Als der Bauer ein Stück weitergewandert war, begegnete ihm der Wode und fragte ihn, was die Kleinen gerufen hätten. Der Bauer erwiderte, sie hätten gesagt, er habe sich heute morgen nicht gewaschen und könne ihnen daher nichts Übles antun. Da hielt der Wode sein Pferd an, stieg ab und wusch sich. Dann sprang er wieder auf sein Roß und jagte den Unterirdischen nach. Nicht lange danach sah der Bauer den Wode wieder zurückkommen. Er hatte die armen Kleinen an ihren langen Haaren zusammengebunden und an jeder Seite des Pferdes mehrere von ihnen hängen. So grausam hat der Wode die Unterirdischen verfolgt. Heute sind sie alle verschwunden. Deshalb jagt der Wode nun nicht mehr auf der Erde, sondern oben in der Luft, von wo er ein Auge auf Gesetzesbrecher hat und diese unerbittlich verfolgt. Woher der Wode einst kam, und warum er des Nachts jagen muß, das soll jetzt erzählt werden:

Einst, vor langer, langer Zeit, lebte ein mächtiger Fürst im Sachsenland, der reiche Ländereien um seine Burgen und Schlösser hatte. Am liebsten zog er durch seine Wälder, denn die Jagd war seine große Leidenschaft; er war jähzornig und grausam zu allen und galt schon zu Lebzeiten als Unhold. So begab es sich, daß ein Hirtenknabe in einem seiner Wälder einen jungen Baum schälte, um sich aus der Rinde eine Schalmei zu machen. Als der Fürst das sah, griff er sich den armen Knaben und schnitt ihm den Leib auf. Nun band er das eine Ende des Gedärms um einen Baum und trieb den Knaben so lange um den Baum, bis das Gedärm vollständig aus dem Leib gewunden war und dieser tot niederstürzte. Da rief der Fürst voller Hohn: „ Das ist nun die Schalmei, auf der du blasen kannst, das ist der Lohn für dein Pfeifen!“ Ein anderes Mal stellte er einen Bauern, der auf einen Hirschen in seinem Wald geschossen hatte. Zur Strafe ließ er den Mann nackt auf den Hirschen binden und jagte das verängstigte Tier durch das dichteste Dornengestrüpp, so daß dem Manne die Haut vom Leibe gerissen ward, bis er tot war. Schließlich stürzte auch der Hirsch, zu Tode gehetzt, zu Boden. Es war lange kein Ende mit diesen grausamen Taten, doch der Tag der gerechten Strafe kam. Eines Tages ging sein Pferd während einer seiner schrecklichen Hetzjagden durch und rannte mit einer solchen Wucht gegen einen Baum, daß es tot niederstürzte. Der grausige Fürst prallte mit dem Kopf gegen den dicken Stamm, so daß sein Schädel zersprang und das Gehirn in tausend Stücke zerstob. Zur Strafe für seine Mordtaten fand er im Grab keine Ruhe und mußte fortan jede Nacht als Wode umherjagen wie ein wildes Tier. In der Probstei wird eine ähnliche Geschichte erzählt. Hier ist es der alte Jäger Au, der mit seiner Hundemeute durch die Gegend zog und so manches Haus verwüstete. Überhaupt ist der wilde Jäger eine in vielen Gegenden bekannte Figur, die aus dem germanischen Wotanskult erwuchs.

Im finsteren Moor

Am Ratzeburger See bei Groß Sarau

DAS KEGELSPIEL IM RATZEBURGER DOM

Als die Dänen im Jahre 1693 das Städtchen Ratzeburg belagerten, sollen sie auch zahlreiche Kanonenkugeln in die Ratzeburger Domkirche hineingeschossen haben. Diese sind noch heute dort zu sehen. Die Hannoverschen, welche die Stadt verteidigten, hatten damals mit den Dänen einen Handel gemacht: Wenn es einem berühmten Schützen, der sich bei den Dänen vor der Stadt befand, gelingen würde, ein Kegelspiel in die Mauer der Kirche hineinzuschießen, so sollte die Stadt kapitulieren. Könnte er es aber nicht, so sollte das dänische Heer abziehen. Der Kanonier stand auf der Schanze bei der Vogelstange, oberhalb der Stadt, und traf wirklich so präzise, daß fast ein ganzes Kegelspiel in der Mauer steckte. Als er aber zuletzt den Kegelkönig hineinschießen wollte und alle Ratzeburger schon in Angst an ihre Kapitulation dachten, lud ein hannoverscher Kanonier seine Kanone und schoß dem Schützen den Kopf vom Rumpf. Darum fehlt dem Kegelspiel in der Domkirche der König.

Der Ratzeburger Dom
Imposant erhebt sich der wuchtige Bau seit dem Jahre 1220 über dem Domsee. Der romanische Dom ist eines der ältesten Bauwerke des Nordens.

Feldweg zur Kogeler Mühle bei Salem (Erdholländer von 1894)
Man kann sich hier gut in die alte Zeit hineinversetzen, als die Fuhrwerke mit dem Korn über solche Wege zur Mühle rumpelten

PAPE DÖNE

Im Ratzeburger Holz lebte vor langen Zeiten ein Bettler namens Pape Döne. Der hatte sich dem Teufel verschrieben und war zum Lohn dafür mit einer unglaublichen Körperkraft gesegnet worden. Aber wenn er nur einmal besiegt werde, so lautete der Vertrag, solle seine Seele augenblicklich dem Teufel zufallen. Dieser Pape Döne hatte sich im Wald eine Hütte gebaut. Dicht neben ihr hing er an einer Schnur die Schädel all derer auf, die von ihm beraubt und getötet worden waren. Denn er lebte mittlerweile vom Raube, was er bequemer und einträglicher fand als die Bettelei. Wenn er lustig gestimmt war und gerade nichts Besseres zu tun hatte, besah er sich die im Winde schwankenden Schädel und sang dazu: „Tanzet, tanzet im Winde fein, ihr meine lustigen Töchterlein! Tanzet, meine lieben Töchter und Söhne, das heißt euch Pape Döne!" Das nannte er sein „Tanzgelag". Als er eines Tages seinen Vers sang, kam ein junger Soldat dahergegangen. Pape Döne sprang auf und bat ihn, wie er es aus List immer tat, um ein Almosen. Während jener eine Münze hervorholte, warf er ihm von hinten ein Netz über den Kopf und wollte ihn mit einer großen Keule angreifen. Wie erstaunte er aber, als der vermeintliche Soldat das Netz zerriß und die Keule zerbrach! Es war der Teufel, der Pape Döne überlistet hatte und ihn nun holen wollte. Nur mit großer Mühe gelang es dem Räuber, das Verhängnis noch einmal abzuwenden, indem er dem Bösen neun Seelen versprach. So wurde ein neuer Vertrag geschlossen, und der Satan hob sich davon. Sofort begab sich Pape Döne nach Lübeck zu einem Priester, beichtete alle seine Sünden und bat um Befreiung von der Gewalt des Teufels. Der Priester versprach, ihm behilflich zu sein, sofern er wahre Reue zeige. Und so zeigte sich denn Pape Döne selbst bei der Obrigkeit an und wurde zum Tode verurteilt. Ehe er ins Gefängnis geführt wurde, gab ihm der Priester noch ein silbernes Kruzifix mit und bedeutete ihm, er solle es immer bei sich tragen. Tatsächlich erschien der Böse in der Nacht, um Pape Döne wegen der versprochenen neun Seelen zur Rechenschaft zu ziehen. Aber der hielt ihm das Kreuz vor, und, nach Luft ringend, entfloh der Satan. Als Pape Döne am Galgen hing, holten die Engel die Seele des reuigen Sünders in den Himmel. Der betrogene Teufel riß in seiner Wut dem Gehenkten den Kopf ab und warf ihn in hohem Bogen in den Ratzeburger Wald. Der Zufall fügte es, daß er sich gerade an dem Strick mit den anderen Schädeln verfing. So tanzte Pape Dönes Kopf noch lange einen Reigen mit den Schädeln der von ihm zuvor Erschlagenen. ■

Im Ratzeburger Holz

Der Pinnsee bei Mölln
Im klaren Wasser des Sees spiegelt sich ein leuchtender Herbsttag - vielleicht der Letzte vor grauer Winterzeit

TILL EULENSPIEGEL

Im Dorf Groß-Pampau stand einst ein altes Bauernhaus, das von den Lauenburgern für Eulenspiegels Geburtsstätte gehalten wurde. Es wird erzählt, daß nach der Sitte des Landes am Tage der Taufe des kleinen Till Eltern und Paten im Kirchspielkruge einen kräftigen Trunk taten. Auf dem Heimweg ließ die nicht mehr ganz standfeste Gesellschaft den Täufling in den Teich fallen. Als man ihn nachher suchte, fand man ihn, auf seinen Windeln schwimmend, auf dem Wasser. Der kleine Till war guter Dinge und lachte seine Eltern aus. Das soll der erste Streich des bekannten Volksnarren gewesen sein. Später zog er durch die Lande und kehrte nach langer Wanderung in seine lauenburgische Heimat zurück; er verbrachte den Rest seines Lebens in Mölln.

Die Möllner ließen ihn in der Stadt wohnen, weil sie durch ihn zu ihrem großen städtischen Grundbesitz gekommen waren. Der Landesherr hatte ihnen nämlich einst so viel Land zugestanden, wie sie an einem Tage umpflügen konnten. Eulenspiegel übernahm diese Arbeit und zog in weitem Bogen eine Furche rund um die Stadt herum, und alles Land innerhalb dieser Furche wurde den Möllnern zugesprochen. Als man nach seinem Tode den Sarg in die Gruft hinabließ, riß der Strick und die Leiche kam auf den Füßen zu stehen. „Wunderlich war er im Leben", sagten die Möllner, „so mag er es auch im Tode sein." Sie ließen den Sarg stehen und schütteten die Gruft zu. Nach dem Wunsche Eulenspiegels wurde sein Wanderstock auf das Grab gesteckt. Würde er wachsen, hatte er gesagt, so sei das ein Zeichen, daß er in den Himmel gekommen sei. Der Stock wuchs und wurde eine kräftige Linde. Durchreisende Handwerksburschen besuchten später die Linde auf Eulenspiegels Grab, und jeder schlug einen Nagel in den Stamm, als unfehlbares Mittel gegen allerlei Gebrechen, besonders gegen Zahnschmerzen. Auch Pfennige, die Pinn, wurden mit der schmalen Kante als Opfer in den Stamm geschlagen. Davon wurde der Baum bald morsch, und als während der Franzosenzeit im Jahre 1810 holländische Soldaten in seine Zweige hineinklettern wollten, brach er ab. Nun wurde Eulenspiegels Grabstein in eine Mauer des Möllner Doms hineingemauert. Wenn aber die Kirchenglocken läuteten, so sangen die Möllner Knaben noch lange, indem sie den Klang der Glocken mit ihren Worten begleiteten: „Ulnspeegel liggt hier begraben ünner de grote Linn, Linn, Linn; de is mit Nageln beslagen un mit vel Pinn, Pinn, Pinn!"

Nikolaikirche und das 1373 erbaute, gotische Rathaus in Mölln

Kirche in Gudow

Kapelle bei Klein-Zecher

DIE KAPELLE IN KLEIN-ZECHER

Im Dorf Klein-Zecher am Schaalsee stand ehemals eine Kapelle aus alter Zeit, neben der ein klarer Quell entsprang. Die Kapelle befand sich an dem Platze, wo jetzt das Schulhaus steht. Das Wasser der Quelle war heilig und galt als wundertätig, weshalb eine Vielzahl von Gläubigen nach Klein-Zecher pilgerte. Von diesen Wallfahrern rührt noch jetzt der kurz nach St. Michaelis stattfindende Markt her. Die Quelle wurde der Sage nach entdeckt, als in der Spur, die ein Pferd in den weichen Boden getreten hatte, plötzlich Wasser sprudelte. Die einfachen Leute glaubten, daß das heilige Wasser ganz besonders gichtige Lähmungen und Augenkrankheiten heile.

Als die alte Kapelle abgebrochen werden sollte, soll die Ehrfurcht der Arbeiter vor dem Heiligtume so groß gewesen sein, daß es keiner wagte, als erster Hand anzulegen. Eine alte Frau in Groß-Zecher erzählte, daß es ein Kornschreiber vom Hofe Seedorf war, der den ersten Axthieb mit derbem Fluche getan hatte. Diese Amtsperson im Kornamt berechnete die Kosten für Getreide. Dafür soll ihm aber die frevelnde Hand später unverwest aus dem Grabe herausgewachsen sein. Die Kapelle wurde zerschlagen und zwei Wagen voll hölzerner Krücken, die gichtbrüchige Pilger dort als Weihgeschenk zurückgelassen hatten, wurden auf dem Felde verbrannt. Die Quelle ward verschüttet und soll später ganz versiegt sein, weil man das heilige Wasser zur Kur blinder Pferde und Ochsen entweihte. Die kleine Glocke der Kapelle sollte nach dem Hof Groß-Zecher gebracht werden und dort, an einer Scheune befestigt, künftig zum Essen läuten. Doch sechs Pferde konnten sie nicht von der Stelle bringen. Als man dann aber beschloß, sie zur Seedorfer Kirche zu fahren, zogen zwei Ochsen sie leicht dahin.

Blick von Dargow über den Schaalsee
Die Klarheit eines Herbstnachmittags bringt die Natur zum Leuchten, und der Horizont weitet sich unter einem hohen Himmel

Im Sachsenwald
Mächtige Baumriesen recken sich im mit 7000 ha größten Waldgebiet Schleswig-Holsteins dem Himmel entgegen

DER WILDSCHÜTZ EIDIG

Nun soll von einem merkwürdigen Mann erzählt werden, von dem in der Lüneburger Heide, im Kreis Stormarn und im Lauenburgischen sowie in den Vierlanden berichtet wird. Besonders aber im Sachsenwald sollen sich wunderbare Geschichten zugetragen haben: Es ist die Rede vom Wildschütz Eidig; er soll wirklich gelebt haben. Wegen seiner erstaunlichen Treffsicherheit und wegen seiner unglaublichen Gewandtheit, mit der er sich den Nachstellungen der Jäger und Gendarmen zu entziehen wußte, sind viele Sagen über ihn entstanden.

Einst traf Eidig im Sachsenwald auf einen Landgendarmen. Der forderte ihn auf, ihm nach Schwarzenbek in das Gefängnis zu folgen. Eidig ging scheinbar darauf ein und begleitete den Gendarmen wirklich bis zu einer Weggabelung. Da wandte er sich ruhig seitwärts mit den Worten: „Nu adjüs, min Weg geit hir in't Holt rin!“ „Ne, Eidig“, rief der Landjäger, „so hewt wi nich wedd't! Du mußt mit!“ Bei diesen Worten zog er seinen Säbel. Aber Eidig hatte auch schon seine Flinte angelegt und sagt ganz ruhig: „Du rittst to!“ Der Landjäger hielt es selbst für geraten, fortzureiten. Als er aber hundert Schritt entfernt war, fiel hinter ihm ein Schuß, und er fühlte einen heftigen Ruck am linken Fuße, so daß er sich getroffen glaubte. „Verschreck dich nich“, rief Eidig, „ ik heww di blot mal den linken Stebelabsatz unner rut schaten, um to wissen, dat ik drapen kann.“ Ein anderes Mal schoß er einem ihn verfolgenden Gendarmen zur Warnung eine Kugel durch den Helm, ohne ihn zu verletzen. Einem anderen schoß er einen Knopf von der Uniform. Es war auch kein Wunder, daß er nie danebenschoß, denn er hatte ein Bündnis mit dem Teufel und gehörte zu den Jägern, die sich in der Johannisnacht die nie ihr Ziel verfehlenden Kugeln aus dem Fensterblei der Kirchen gossen. ■

Blick vom niedersächsischen Elbufer auf die Stadt Lauenburg

Das Renaissance-Schloß in Reinbek wurde 1572-1576 erbaut

Wassermühle in Grande am Sachsenwald

Im Travetal nahe Westerau

DER BURENKLAAS

In alten Zeiten gehörte das Dorf Westerau, unweit dem Orte Oldesloe, einem reichen Grafen. Die Gräfin hatte eine Magd, die sich vor allen anderen durch Treue auszeichnete und viele Jahre bei ihr diente. Die Gräfin hatte ein solches Zutrauen zu ihr, daß sie nichts vor ihr verschloß. Einmal, als die Herrschaften nach Lübeck fuhren, ließ sie eine schöne goldene Kette auf dem Tisch liegen. Bei ihrer Rückkehr war diese jedoch verschwunden, und das arme Mädchen sollte sagen, wo die Kette geblieben war. Vergeblich beteuerte es seine Unschuld, denn niemand sonst konnte in die Zimmer der Gräfin gelangen. So hielten alle es für schuldig und ihm wurde der Prozeß gemacht, an dessen Ende die Hinrichtung stand. Viele Jahre waren seit diesem Ereignis vergangen, als einmal der Graf das Holzwerk in der Stube wegbrechen ließ. Welch eine Freude, aber auch Schrecken erfaßte den Grafen, als man dahinter die lang vermißte Kette fand. Nun klärte sich leicht alles auf, denn Klaas, die zahme Elster des Grafen, hatte sie gewiß gestohlen und in einer Ritze versteckt.

Da gereute den Grafen sein rasches Verfahren, und schwer lastete die Schuld seines Fehlurteils auf ihm. So stiftete er zur Erinnerung an den Tod der treuen Magd eine gute Summe Geld, von deren Zinsen jährlich achtzig Mark der Dorfschaft Westerau sollten ausgezahlt werden. Davon hielten die Dorfbewohner immer am zweiten Donnerstage vor Weihnachten eine Festmahlzeit. Diese Zusammenkunft wird noch heute alljährlich gefeiert und heißt der „Burenklaas“.

Torhaus auf Gut Jersbek
Das auf einem Feldsteinsockel sitzende Gebäude mit dem kleinen Dachreiter kündet in großen schmiedeeisernen Ziffern von seinem Erbauungsjahr 1687.

Abendsonne über dem Mönchsteich bei Trittau

DIE WEISSE KATZE

Vor nicht gar so vielen Jahren kam ein Erbpächter zu dem Herrn des Gutes Jersbek und suchte dessen Rat wegen einer weißen Katze, die täglich in sein Haus schlich und sich auf das Gebälk über den Kühen setzte. Dort stimmte sie ein klägliches Geschrei an und nahm dem Vieh so vielen Segen; bald wollten die Kühe gar keine Milch mehr geben. Da wollte der Herr zu Jersbek seinen Jäger schicken, um die Katze totschießen zu lassen. Der Bauer bat aber flehentlich, davon abzusehen. Lieber wollte er sich dann an einen klugen Mann wenden, weil sein Nachbar bereits einen ähnlichen Fall erlebt hatte. Der hatte die Katze in einem Sack gefangen und tüchtig mit einem Dreschflegel drauflosgeschlagen, und zu seinem Schrecken hätte er nachher ein totes altes Weib herausgeschüttet, eine Hexe.
Also wurde der Hexenbanner geholt, der seine Kunst anwandte. Als dieser nach Hause kam, sagte er zu seiner Frau: „Die Hexe ist gebannt, sie rauschte aber, als ich durch den Garten des Erbpächters ging, wie ein böser Gänserich hinter mir her. Wecke mich ja morgen früh vor Sonnenaufgang, denn sonst behält sie Gewalt über mich und ich verlasse das Bett nicht wieder." Doch zu jener Stunde schlief der Mann ruhig, und die Frau weckte ihn nicht wie besprochen. Als er endlich erwachte und die Sonne hoch am Himmel sah, erklärte er sich sogleich für verloren. Kein Zureden und Wehklagen der verzweifelten Frau konnte den Mann zum Aufstehen bewegen. Schon vor Mittag hatte er, der kräftig und gesund gewesen war, nach schwerem Todeskampfe geendet. So fiel er der Hexe zum Opfer. Dies ist eine wahre Geschichte, die sich tatsächlich ereignet hat.

Renaissance-Wasserschloß in Ahrensburg. 1595 durch Peter Rantzau auf dem Platz einer alten Burg vollendet. 164 Jahre im Rantzauischen Besitz, erwarb 1759 die Kaufmannsfamilie Schimmelmann das Schloß.

Hamburg und die Elbmarschen

Im Westen Hamburgs begrenzt ein hochaufragendes Steilufer mit zahlreichen Taleinschnitten das Nordufer der Elbe. Vor 200.000 Jahren türmten die Gletscher der Saale-Eiszeit aus Skandinavien hierher verfrachtetes Gestein und Sand fast 100 m auf und schufen damit den Baugrund für Hamburgs schöne Elbvororte. Das Elbufer zwischen Altona und Rissen ist allerdings erst seit dem Jahre 1938 Hamburger Gebiet. Als Fischer- und Bauerndörfer gegründet, waren Altona, Blankenese, Klein-Flottbek und alle anderen Hamburger Elbvororte bis 1864 im Besitz der Grafschaft Pinneberg und gehörten damit zum Land Holstein, das zwischen 1460 und 1864 Teil des Königreiches Dänemark war. Nach dem 2. Deutsch-Dänischen Krieg (siehe S. 108) kam das Gebiet zu Preußen und stand unter der Mitverwaltung Österreichs, einem Verbündeten Preußens. 1868 gingen alle Orte vollständig an Preußen und mit dem Groß-Hamburg-Gesetz der Nationalsozialisten 1938 dann an Hamburg. Am Wittenbergener Leuchtturm in Hamburgs westlichstem Landesteil Rissen senkt sich das hohe Elbufer allmählich, und bei Wedel beginnen die weiten Elbmarschen mit grünen Wiesen und stattlichen Bauernhöfen. Die Haseldorfer Binnenelbe und die dem Elbdeich vorgelagerten Auwälder auf dem Twielenflether Sand sind wertvolle Biotope und Heimat vieler Wasservögel. Einen Besuch wert ist auch das idyllische Haseldorf, mit alten Bauernhöfen und einem Schloß, umgeben von uralten Bäumen. Knorrige Korbweiden sowie das wechselnde Licht unter dahineilenden Wolken inspirierten schon Künstler wie den Maler Horst Janssen. Das Flüßchen Pinnau leitet über in die Seestermüher Marsch mit ihren Obstplantagen. Von Elmshorn kommend, zieht hier die Krückau zur Elbe. Westlich davon liegt die Kremper Marsch mit dem zentralen Städtchen Krempe. Der 1234 gegründete Ort besitzt schon seit 1250 Stadtrechte und war einst ein wichtiger Handelsplatz. Dank der damals noch schiffbaren Kremper Au konnte sich ein bedeutender Hafen entwickeln. Zwischen 1535 und 1604 bauten die Dänen die Stadt mit Festungsanlagen aus und machten sie zu einem Bollwerk an der unteren Elbe. Im Jahre 1617 gründete der dänische König Christian IV., der auch Herzog von Schleswig und Holstein war, die Stadt Glückstadt an der Elbe als Handelsplatz, Festung und Konkurrenz zu Hamburg. Das bedeutete das wirtschaftliche Aus für Krempe. Heute erinnert noch das 1570 erbaute Rathaus und das jährlich am Montag nach Johanni stattfindende Fest der 1541 gegründeten Brand- und Wehrgilde mit ihren berühmten Fahnenschwenkern an diese große Zeit.

Glückstadt hat einen sechseckigen Grundriss mit zwölf vom zentralen Markt ausgehenden Straßen, die Christian IV. planmäßig mit Hilfe von Glaubensflüchtlingen erbaute. Remonstranten, Mennoniten und portugiesische Juden fanden dafür bei dem ehrgeizigen, aber sehr toleranten Monarchen eine neue Heimat. 200 Jahre lang blühte die Stadt und war Dänemarks Tor für den Westindienhandel. Als Dänemark 1813 mit Napoleon paktierte, eroberte eine Allianz aus Preußen, Engländern, Schweden und Russen Glückstadt und ebnete die Festungsanlagen ein. Glückstadt fiel zeitweise in einen Dornröschenschlaf und bewahrte so seine vielen Adelspaläste, stattlichen Bürgerhäuser und den historischen Hafen bis zum heutigen Tag nahezu unverändert und gilt als beliebtes Ausflugsziel und als Pilgerstätte für Matjesfreunde.

Westlich des Flusses Stör liegt die Wilster Marsch. Das Städtchen Wilster besitzt gleich zwei Rathäuser. Einen alten, aus dem Jahre 1585 stammenden Fachwerkbau und ein „neues" Barock-Rathaus von 1776. Die Bartholomäuskirche hat in ihrer barocken Innenausstattung Ähnlichkeit mit dem Hamburger Michael. Ihr Baumeister, Ernst G. Sonnin, war 13 Jahre zuvor einer der Erbauer des Hamburger Wahrzeichens.

Leuchtturm am Wittenbergener Elbufer
Am Fuße der Elbhöhen im westlichsten Hamburger Stadtteil Rissen steht seit 1899 der eiserne, rot-weiße Leuchtturm

Das Altonaer Rathaus
1844 als Endbahnhof der Ostseebahn im damals holsteinischen Altona errichtet, ist es heute Sitz des Bezirks- und Standesamtes

ALTONA

Auf dem Hügel über der Elbe, wo sich heute Altona befindet, standen vor einigen hundert Jahren nur einige einfache Fischerhütten. Eines Tages wetteten die reichen Hamburger miteinander, daß – wenn sie nur wollten – sie mit ihrem Geld eine weitere Stadt wie Hamburg erbauen könnten. Gesagt, getan. Um festzulegen, wo das erste Haus gebaut werden sollte, band man einem Waisenknaben die Augen zu, damit er nichts sehen konnte, und ließ ihn losgehen. An der Stelle, wo dieser zuerst niederfiele, sollte die neue Stadt entstehen. Der Knabe ging fort und kam bald vom Hamburger Gebiet auf holsteinischen Boden. Wie er nun an besagten Hügel über der Elbe kam, stolperte er und fiel nieder. Da riefen die Hamburger: „Dat ist ja all to na!“ Aber sie hielten Wort: Die Stadt wurde dorthin gebaut und bekam den Namen Altona.

Jenischhaus in Klein-Flottbek
Das klassizistische Gebäude wurde 1831-1834 nach Plänen F. K. Schinkels inmitten eines riesigen, englischen Landschaftsparks erbaut

DER WERWOLF VON OTTENSEN

In Ottensen bei Altona lebte ein Bauer, der mit dem Bösen einen Kontrakt machte. Seitdem lebte er in Saus und Braus, und an Geld fehlte es ihm nicht, obwohl er vorher bettelarm gewesen war. Dafür aber mußte er sich am letzten Tag eines jeden Monats in einen Werwolf verwandeln und jedesmal einen Menschen töten. Lange gelang ihm dieses auch. Aber als er einmal eine alte Frau, die hinter der Tür stand, anfallen wollte, schlug diese schnell den oberen Teil zu und klemmte so lange seinen Kopf dazwischen, bis er sich nicht mehr rührte. Da ließ sie los, und er fiel zurück, war aber nicht tot, sondern hatte sich nur so gestellt. Voller Angst lief er fort. Als er aber in der folgenden Nacht im Bette lag, kam der Teufel, ihn zu holen, weil er seinen Kontrakt nicht gehalten hatte. Doch kam der Bauer diesmal noch frei, denn er versprach, seine eigene kleine Tochter aufzufressen. Ungefähr ein Jahr darauf war der Bauer mit seiner Magd allein auf dem Feld beim Heumachen, als es Mittag schlug und er sich erinnerte, daß es der letzte des Monats sei. Sogleich spannte er seinen Wolfsriemen um, mit dessen Hilfe er sich im Nu in einen Wolf verwandelte. Dann stürzte er sich auf die arme Magd. Glücklicherweise erinnerte die sich gleich seines Taufnamens, und als sie ihn dreimal dabei gerufen hatte, stand er wieder als Mensch vor ihr, denn das allein kann helfen. Darauf lief die Magd eilig zum Dorfe, holte ihre Sachen und ging, ohne einem Menschen etwas zu sagen, nach Hamburg. Denn sie wollte vor Furcht nicht länger in seinem Hause bleiben, das er sich prächtig am Graswege erbaut hatte. In der Nacht kam der Satan wieder zu ihm, und nur durch den Tod seines zweiten, einzig noch übrigen Kindes konnte er sich retten.

Da erkannte seine fromme Frau, daß ihr Mann ein Werwolf war und ging von ihm fort in ein Kloster. Alle Leute verließen ihn, und niemand wollte mehr in seinem Hause bleiben. So mußte er es zuletzt verkaufen und ging auch nach Hamburg, wo er sich in einem Wirtshaus einmietete, um seine Schandtaten ungestört und unerkannt weiter vollbringen zu können. Aber seine frühere Magd diente zu seinem Unglück jetzt in dem Hause und hatte ihn gleich erkannt. Am letzten Tag des Monats schloß der Bauer sich in seinem Zimmer ein und verwandelte sich eben in einen Wolf, da holte die Magd die Gendarmen und sprach wieder dreimal seinen Namen. Sogleich wurde er wieder zum Menschen, und die Gendarmen konnten ihn überwältigen und in das Gefängnis bringen. ■

Christianskirche in Ottensen
Unter der alten Linde ruht der Dichter Gottfried Ephraim Klopstock

Elbe vor Nienstedten
Das Goldorange der Abendsonne zaubert aus der Wirtschaftsader Elbe ein Bild wie aus alten Zeiten

DIE HAND DES HIMMELS

In Blankenese lebte einst ein junger Fischer, dem es mit dem Fang nicht mehr gelingen wollte. Er geriet dadurch in Mangel und Elend, und Frau und Kinder mußten Hunger leiden. Einmal, es war ein heißer Sommertag, entschloß sich der Fischer noch eine Fahrt zu wagen, als gegen Abend mit der Flut ein Gewitter aufstieg. Er hatte nämlich gehört, daß zu solcher Zeit die Fische am besten ins Garn gingen. So stieg er ins Boot und fuhr auf die Elbe hinaus, obgleich alle ihn warnten und das Wasser schon dunkel und unruhig wurde. Kaum aber hatte er seine Netze ausgeworfen, da konnte er sie auch schon wieder einholen, und in einem Augenblick war seine Jolle voll. Da wollte er noch einen Zug versuchen und die Netze noch einmal auswerfen, als ein fürchterlicher Donnerschlag über ihm losbrach und ihn erschreckte. Wie er wieder zu sich kam, sah er mitten auf den Fischen eine weiße Totenhand liegen. Rasch setzte er die Segel auf, und wie ein Pfeil schoß seine Jolle dem Strand zu. Es war ein Glück für ihn, daß er sich hatte warnen lassen und Gottes Zeichen nicht mißachtet hatte. Die Totenhand hängte er nachher als Wahrzeichen in der Nienstedtener Kirche auf, und sie war lange noch dort zu sehen, weil sie unverwest blieb. Man nannte sie die „Hand des Himmels“. Als sie nach langer Zeit herunterfiel, verbrannte man sie zu Asche und bereitete eine Oblate daraus, die bis auf den heutigen Tag bewahrt wird. Der Fischer wurde seit jenem Tage ein reicher und begüterter Mann, weil die Hand des Himmels mit ihm war.

DE GODE KRISCHAN

Es war einmal eine traurige Zeit für Blankenese an der Elbe. Es regnete nicht mehr, und eine große Dürre lastete über dem Land. Kein Fisch ging mehr ins Netz, und keiner biß mehr an die Angel. Das Korn auf dem Felde verdorrte, war taub, und auch die Obstbäume trugen keine Früchte. Kühe und Schafe dursteten, wurden mager und starben. Auch die Pferde wurden lahm. Es herrschte allenthalben der bitterste Mangel. Je weiter es in dem Jahre gegen den Herbst ging, desto ärger ward es. Eine Scheune und ein Stall nach dem anderen brannten ab, sobald die Bauern von dem wenigen verbliebenen Korn etwas eingebracht und das elende Vieh in den Stall getrieben hatten. Selbst die kleinen Kinder wurden nachts, vor dem Bette der Eltern, aus den Wiegen gestohlen, obgleich man Türen und Fenster wohl verwahrt hatte, und sie nachher auch noch immer fest verschlossen fand. Was die Ursache dieses Unglücks war, wußte niemand zu sagen, und keiner wußte Rat. So war der Ort dem äußersten Elend nahe.

Da entdeckte endlich ein Hirtenbursche durch Zufall die Quelle allen Übels. Er war gegen Abend vor Müdigkeit am Abhang des hohen Süllbergs eingeschlafen; erst um Mitternacht erwachte er und wollte eben schnell ins Dorf zurückkehren, da sah er zu seinem Schrecken, wie der Berg sich auftat und ein altes häßliches Weib aus der Spalte hervorkam. Eine Weile stand sie noch auf der Spitze des Berges still und sah sich nach allen Seiten um. Dann stieg sie hinab und ging dem Dorfe zu mit den Worten: „Nun, ich will hin und will allen Kühen und Pferden die Schwänze abschneiden. Das soll morgen einen hübschen Spektakel geben." Der Hirtenjunge hatte sich aus Furcht hinter einen Busch verkrochen und flach auf den Bauch niedergelegt, um nicht von der Hexe gesehen zu werden. Kaum aber war sie fort, eilte er dem Strand zu, machte ein Boot los und fuhr auf die Elbe hinaus, denn ins Dorf wagte er sich nicht, weil er der Hexe leicht hätte begegnen können. Am Morgen erst ruderte er wieder zurück, weckte die Leute und erzählte, was er gehört hatte. Da sah man in den Ställen nach, und kein Pferd und keine Kuh war verschont geblieben. Später fand man die abgeschnittenen Schwänze unten am Elbufer liegen.

Nun überlegten die Blankeneser, wie man am besten dem Unheil abhelfen könne. Die heilige Christnacht ward zur Ausführung des Planes ausersehen. An der Stelle des Süllberges, wo der Hirtenjunge das Weib hatte herauskommen sehen, errichtete man einen großen Holzstoß mit viel Stroh. Am Abend versammelte sich das ganze Dorf, alt und jung, am Fuße des Berges, mit dem Pastor aus Nienstedten an der Spitze. Der „gode Krischan", wie der Hirtenjunge hieß, stand allein in der Nähe des Scheiterhaufens, mit einer brennenden Fackel in der Hand. Als nun die Uhr zwölf schlug, so fing es in dem Holzstoß an zu rasseln, mehrere Stücke fielen auseinander, und plötzlich stand die Hexe vor ihm. Sogleich steckte der Bursche die Fackel in das Stroh. In diesem Augenblick stimmten die Leute unten am Berg einen Gesang an und kamen immer näher herzu. Der Scheiterhaufen stand bald in hellen Flammen, darum konnte die Hexe nicht zurück in den Berg, und gegen den Pastor und den Gesang konnte sie auch nicht ankommen. Dem goden Krischan konnte sie nichts anhaben, weil er reinen Herzens war und erst gerade vorher das Abendmahl genommen hatte. Die Blankeneser kamen unterdes immer näher und näher in einem Kreise auf sie zu und drängten sie so in die Flamme, wo sie elend verbrennen mußte. Die Stelle, wo dieses geschehen ist, blieb bis auf diesen Tag kahl und öde, und kein Halm wuchs darauf. Die Geschichte vom „goden Krischan" ist noch in Blankenese und der ganzen Umgegend wohl bekannt, da er es war, der das Dorf von der Plage befreite. So konnte Blankenese seitdem wieder zu seinem alten Wohlstand kommen. ■

Blankeneser Ansichten
Das Treppenviertel am Süllberg

Aussicht zwischen historischen Häusern auf moderne „Pötte“

Sommerleben am Blankeneser Elbstrand

Blick vom Anleger „Op'n Bulln“ zum Süllberg

Abend in der Haseldorfer Marsch
Ein frischer Wind fährt durch den alten Weidenbaum am Flüßchen Pinnau, und der Himmel droht mit einem Donnerwetter

DIEBSZAUBER

Man sagt, es gibt einen Zauber, der einen Dieb zur Rückgabe des Gestohlenen zwingen soll. Wenn er sich weigert, so muß er sterben. Einem alten Mann in Heist bei Uetersen war eine Jacke gestohlen worden. „Der Dieb soll sie wiederbringen", sagte er, nahm ein Stück des Stoffes, aus dem die Jacke gemacht war, und vergrub es unter der Dachtraufe. Nach einiger Zeit kam ein Mann aus dem benachbarten Hetlingen zu ihm und gestand, er habe in Heist eine Jacke gestohlen. Diese Jacke müsse er nun wiederbringen. Und es war auch höchste Zeit; denn als man das vergrabene Stück Tuch ausgrub, war es schon stark vermodert. Wäre es ganz vergangen, so hätte der Dieb ebenfalls vergehen müssen. Ebenfalls in Heist wurde einem Bauern wiederholt Brot aus dem Backofen gestohlen. Man riet ihm, die Fußspur des Diebes aus dem Sand aufzunehmen, in einen Beutel zu tun und in den Rauchfang über dem Schwibbogen, also der Kochstelle, zu hängen. Als die Fußspur antrocknete, begann der Dieb zu kränkeln. So stellte er sich dem Bauern und bat darum, die Fußspur aus dem Rauch zu nehmen, denn er könne nicht leben und nicht sterben.

Wintertag in der Seestermüher Marsch. Der frostige Atem des Winters hat Rauhreif auf's Land gelegt und alles in Eis gehüllt. Auch die Sonne scheint erstarrt und blinzelt matt durch den Nebel.

DER VERGRABENE SCHATZ

Nicht weit von Uetersen liegt das Dorf Heist. Hier lebte vor Jahren ein alter Mann, der viel zur See gereist war. Obwohl er nur zur Miete wohnte, gab er den Armen immer reichlich und hatte immer Geld in Fülle. So glaubten die Menschen im Dorfe, er habe sich viele Reichtümer erworben. Doch nach seinem Tode fand man zur Verwunderung der Leute nichts in seiner Wohnung. Aber seit der Zeit zeigte sich auf der Gemeindewiese ein großes, helles Licht in dunklen Nächten. Es war viel größer als ein gewöhnliches Irrlicht und auch flackerte es nicht umher wie dieses, sondern stand unbeweglich auf einer Stelle. Ein paar junge Bauern beschlossen, es einmal näher zu untersuchen. An einem Abend, als das Licht sich wieder zeigte, gingen sie hinaus auf die Wiese. Als sie in die Nähe des Lichtes kamen, stießen beide nach Verabredung einen tüchtigen Fluch aus, weil sie wußten, daß ein gewöhnliches Irrlicht davor wegläuft. Dieses Licht aber blieb stehen. Als sie zum zweiten Male und zum dritten Male fluchten, da fuhr das Licht zischend empor und floh auch jetzt nicht. Stattdessen bewegte es sich direkt auf sie los. Voller Schrecken ergriffen sie die Flucht und erreichten eben noch das Wirtshaus, als es ihnen ganz nahe auf den Fersen war. Sobald sie die Tür verschlossen hatten, fiel ein so furchtbarer Schlag dagegen, daß sie vor Schreck niederfielen. Am anderen Morgen fand man ein großes Hufeisen darauf eingebrannt, und sooft der Tischler das Brett auch herausnahm, immer war es am nächsten Morgen wieder zu sehen.

Es war einige Zeit verstrichen, da wollte ein Bauer auf der Wiese einen Feldstein mit Pulver sprengen. Als man nun eine Grube aushob, um den Stein dort hineinzulegen, traf man auf etwas Hartes und fand bald einen eisernen Kasten. Als man ihn mit viel Mühe geöffnet hatte, war darin eine große Menge glänzender Geldstücke. Nun erkannte man, daß sie zufällig die Stelle getroffen hatten, wo sich immer das Licht zeigte. Auf dem Deckel des Kastens war ein ebensolches Hufeisen zu sehen, wie es sich an der Wirtshaustür zeigte. Der Bauer war so klug, das Geld nicht allein für sich zu behalten. Er teilte es mit dem ganzen Dorfe, weil es auf der Gemeindewiese gefunden worden war. Seit der Zeit blieb das Licht verschwunden, und auch das Hufeisen an der Wirtshaustür blieb jetzt weg, als man ein neues Stück Holz einsetzte. ■

Haseldorfer Schloß

DIE SCHIMMELKÖPFE

In Glückstadt wohnte einst ein vornehmer Mann. Als dessen Frau nach einer Krankheit starb, wurde sie mit großem Prunk beigesetzt. Der Totengräber sah bei der Bestattung die wertvollen Ringe an den Fingern der Leiche, die er zu stehlen gedachte. So schlich er in der Nacht auf den Friedhof und öffnete den Sarg, um die Ringe abzuziehen. Zu seinem Schrecken aber richtete die Frau sich auf, als er den Deckel abnahm. Er floh voller Entsetzen. Die Frau ging zum Haus ihres Mannes und klopfte an. Ein Diener öffnete, aber auch er erschrak, als er die verstorbene Frau in ihrem Leichengewand vor der Tür stehen sah. Eilig lief er zu seinem Herrn, um ihm zu sagen, was geschehen war. Der aber antwortete: „Ebensowenig als meine beiden Schimmel kommen und die Treppe hinaufgehen, ebensowenig wird auch meine Frau wiederkommen.“ Kaum hatte er das gesagt, so kam es tripp, trapp die Treppe herauf. Wahrhaftig standen die beiden Schimmel auf dem Boden. Da ließ der Mann öffnen und siehe, seine Frau war wirklich wieder da! Sie lebte von nun an noch einige Jahre, lachte aber während der ganzen Zeit niemals, denn sie sagte: „Lachen ist Sünde.“ Ihr Mann ließ zum Andenken an das Geschehene oben neben der Treppe im Haus zwei Schimmelköpfe malen, die da noch lange zu sehen waren.

Am alten Hafen in Glückstadt
König Christian IV. von Dänemark gründete 1617 die Stadt und schuf eine der schönen Kleinstädte des Nordens

Reetgedeckte Scheunen in Schleuer bei Glückstadt
In der Kremper Marsch gibt es noch viele alte Höfe mit historischen Bauten. Links im Bild eine heute seltene Rundscheune (Göpel).

DIE GLOCKE IN KREMPE

Bevor die schöne Kremper Kirche im Russenkrieg von den Schweden in die Luft gesprengt wurde, hing in ihrem Turm eine Glocke, die in ihrem Klang schöner war als alle anderen Glocken. Als sie gefertigt wurde und das glühende Eisen schon zum Guß fertig war, ging der Meister noch einmal davon und befahl dem Lehrjungen, in seiner Abwesenheit auf den Ofen aufzupassen. Der benutzte nun die Zeit und goß, um es besonders gut zu machen, einen ganzen Tiegel geschmolzenes Silber hinein. Als der Meister nun zurückkam und den leeren Tiegel sah, war er so sehr erbost, daß er einen Stock ergriff und damit auf den Lehrjungen einschlug. Die Schläge waren so hart, daß dieser tot niederfiel. Nachdem man die Glocke auf den Glockenstuhl im Kirchturm gebracht hatte und sie ein erstes Mal läutete, meinten alle, daß sie niemals einen helleren Klang gehört hätten. Immer wenn nun die Glocke geläutet wurde, war es aber, als sage sie mit traurigem Ton: „Schad' um den Jungen! Schad' um den Jungen!"
Die Glocke trug den Namen Maria und erregte bald den Neid der Hamburger. Die boten lange Zeit vergebens den Krempern große Summen Geldes. Man wurde handelseinig, als die Hamburger für die Glocke eine goldene Kette geben wollten, die so groß war, daß sie um ganz Krempe herumreichte. Als man nun die Glocke auf einen Wagen brachte und damit auf den hohen Weg nahe bei Krempe kam, sank der Wagen ein. Soviele Pferde man auch davor spannte, er war nicht von der Stelle zu bringen. Als man aber umkehrte, fuhr er ganz leicht, mit nur zwei Pferden davor, wieder nach Krempe zurück. So mußte die Glocke dableiben und hat bis zu jenem unglücklichen Tag während des Russenkrieges im Turm gehangen. Nach Sprengung der Kirche hat man vergeblich nach einem Bruchstück gesucht. Einige meinen, die Schweden hätten sie vorher gestohlen, aber andere sagen, die Glocke sei tief hinunter in die Erde gesunken.

Krempe, Blick aus der Stiftstraße zum Rathaus

Schöpfmühle aus dem 19. Jh. bei Honigfleth in der Wilster Marsch
An den zahllosen Entwässerungsgräben, die hier Flethe genannt werden, stehen seit alten Zeiten kleine Mühlen zum Abpumpen des Wassers

DIE HEXEN IN WILSTER

Es ist schon sehr lange her, da gab es im Städtchen Wilster viele Hexen und böse Leute. Die Großmutter meiner Großmutter hat es dieser als Kind erzählt und die Geschichte immer damit angefangen: „Dat weer all lang voer mien Tied". Zu jener Zeit lebte in Wilster ein junger Mann. Er war ein Sonntagskind und konnte dadurch die Hexen erkennen. Eines Tages stand er auf einem Platz in der Stadt vor einem alten Haus und schimpfte zum Giebelfenster hinauf: „Wat sittst du dar all wedder un spinnst, du ole verfluchte Hex?" Da rief die Hexe herunter: „Sönken, Sönken, laat mi doch mien Faden spinnen!" Kaum hatte sie das gesagt, saß der junge Mensch unter einem Stapel Bauholz, der auf dem Platz gelagert wurde. Nur mit Mühe konnten die Leute ihn von dort wieder hervorziehen. Später wurde derselbe junge Mann des Nachts durch einen fürchterlichen Lärm aus dem Schlaf geweckt. Gleich sprang er ans Fenster, und da sah er einen ewig langen Zug von Weibern auf Besenstielen und Ofengabeln reiten, die mit Feuerzangen an blanke Kessel schlugen. Als sie weiterzogen, nahmen die Hexen ihn zu sich, und er mußte hinterdrein. Nun kamen sie auf den Kreuzweg und hielten einen großen Tanz. Der junge Mann mußte jetzt mit allen Hexen im Kreise tanzen. Auch hatten sie einen großen silbernen Becher, der von Hand zu Hand ging. Sie tranken dem jungen Mann daraus zu und hielten einen Ringeltanz um ihn. Gerade als er den Becher in die Hand bekam, schlug die Uhr eins. Im Nu waren die Hexen verschwunden, und er blieb allein zurück, mit dem Becher in der Hand. Als er sich berappelt und von seinem Schrecken etwas erholt hatte, betrachtete er den Becher und fand die Namen aller Hexen darauf eingraviert. Ganz oben stand der Name der Frau des Bürgermeisters. Da ging er am anderen Morgen zum Bürgermeister und meldete ihm, wie schändlich es in der Stadt hergehe und daß seine eigene Frau eine Hexe sei. Der Bürgermeister aber gab ihm viel Geld, damit er nicht weiter davon redete. Zu dieser Zeit stand die Stadt noch nicht, wo sie jetzt steht, sondern weiter nach Norden zu, an einem Seitenarm der Wilsterau, der „alte Wilster" heißt. Die Leute taten alles, um die Hexen auszurotten und den Spuk loszuwerden. Als sie sich aber daran machten, die mächtigste und bedeutendste unter ihnen zu vertreiben, versank plötzlich an einem Sonntag vormittag während der Kirchzeit die ganze Stadt. Nur die oberste Spitze des Kirchturmes blieb noch lange Zeit sichtbar. Nachts um zwölf hat man die Hexen darauf tanzen sehen und gehört, wie sie jubelten und frohlockten über den Sieg, den sie über ihre Gegner errungen hatten.

Das alte Rathaus in Wilster, 1585 erbaut

Am Deich der Stör bei Fiefhusen, Kremper Marsch

DAS VERGRABENE KIND

Bei Heiligenstedten gab es am Stördeich einstmals ein großes, mit Wasser gefülltes Loch. Es ließ sich auf keine Weise zuschütten, soviel Erde und Steine man auch hineinwarf. Weil aber der ganze Deich in Gefahr war, bei Sturmflut weggerissen zu werden und eine Überschwemmung drohte, mußte das Loch auf jeden Fall gefüllt werden. Da fragte man in der Not eine weise alte Frau. Die sagte, es gäbe keinen anderen Rat, als ein lebendiges Kind dort zu vergraben. Es müsse aber freiwillig hineingehen. Da gab es in der Gegend eine Zigeunermutter, der man tausend Taler für ihr Kind bot und die es dafür hergab. Nun legte man ein Weißbrot auf das eine Ende eines Brettes und schob dieses so über das Loch, daß es bis in die Mitte reichte. Als nun das Kind hungrig darauf entlanglief und nach dem Brote griff, schlug das Brett über, und das Kind stürzte in die Grube. Doch tauchte es noch ein paarmal wieder auf und rief beim ersten Mal: „Ist nichts so süß als Mutters Lieb?“, und zuletzt: „Ist nichts so fest als Mutters Treu?“ Da eilten die Leute herbei und schütteten so viel Erde auf, daß das Loch bald ganz aufgefüllt war. So konnte die Gefahr für immer abgewandt werden. Bis auf den heutigen Tag soll man aber noch eine Vertiefung sehen, die immer mit Seegras bewachsen ist.

Altes Leuchtfeuer am Glückstädter Hafen. Die Wetterfahne auf dem kleinen Leuchtfeuer zeigt auf Nordost, der Südwestwind beendet das schöne Wetter und treibt Regenwolken in das Land.

Dithmarschen

Dithmarschen ist ein Land mit zwei Charakteren. Zum einen die Weite des nur wenig über dem Meeresspiegel liegenden Marschenlandes im Westen und Süden, und zum anderen die Hohe Geest im Nordosten. Die fetten Böden der Marsch ließen hier Deutschlands größte zusammenhängende Anbaufläche für Kohl entstehen. Auf 2500 ha gedeihen hier alle Arten dieses beliebten Gemüses besonders gut, was jährlich im September mit den Dithmarscher Kohltagen gefeiert wird. Die sandigen Hügel der Geest mit ihren Viehweiden und Feldern erreichen Höhen bis zu 79 m und bestehen aus 120.000 Jahre alten Ablagerungen der Saale-Eiszeit. Sie sind somit ca. 100.000 Jahre älter als das Hügelland Ostholsteins aus der Weichsel-Eiszeit. Die Geest fällt zwischen Burg und St. Michaelisdonn mit einer 20 m hohen Steilkante zum Marschenland ab. Hier brandete bis 1000 n. Chr. noch das Meer an die Steilküste. Infolge Landgewinnung durch das Anlegen eingedeichter Köge, zog sich die Küste auf die heutige Linie zurück und hinterließ das fruchtbare Marschenland.

Zur Zeit Karl des Großen war Dithmarschen eines der drei nordelbischen Sachsengaue und nördlichstes Grenzland des fränkischen Reiches. Begrenzt durch die Elbe im Süden und ausgedehnte Sümpfe entlang der Eider im Norden, war Dithmarschen zu dieser Zeit am besten über den Seeweg zu erreichen. Das führte dazu, daß die Menschen hier länger als anderswo in altgermanischen Lebensformen und Sippenverbänden, den Geschlechtern, lebten. Auf dem Friedhof in Lunden können noch viele historische Gräber dieser Familienverbände besichtigt werden. Seit dem Jahre 1434 kamen die Dithmarscher Bauernsippen zur Beratung auf dem Marktplatz in Heide zusammen, der mit 4,68 ha der größte Marktplatz Deutschlands ist. Im Jahre 1447 wurde das „Dithmarscher Landrecht" geschaffen, die Grundlage der freien Bauernrepublik Dithmarschen. 48 auf Lebenszeit gewählte Räte trafen sich wöchentlich in Heide, um Gesetzesvorlagen auszuarbeiten, die dann auf der in größeren Abständen stattfindenden Landesversammlung von allen Bauernsippen der Region beraten wurden. Diese Bauernrepublik konnte sich über Jahrhunderte allen Angriffen durch weltliche und geistliche Herrscher widersetzen.

Brunsbüttel an der Elbe markiert die südöstliche Ecke Dithmarschens; hier ist der Beginn des Nord-Ostsee-Kanals, der meistbefahrenen Wasserstraße der Welt. 98 km führt der Kanal durch Schleswig-Holstein, um bei Kiel-Holtenau in die Ostsee zu münden. Die Schleusenanlagen an der Elbe gehören zu den größten ihrer Art. Das heutige Brunsbüttel ist erst 1969 durch den Zusammenschluß mehrerer Ortschaften entstanden und von Industrie geprägt. Nicht weit entfernt in der Elbmarsch liegt das Städtchen Marne. Einst lag es direkt an der Küste. Nachdem man im 19. Jh. breite Köge ins Meer gebaut hatte und immer mehr Land dem Meer abgerungen wurde, sind es nun 15 km bis zum Wasser. Hier, im äußersten Südwestzipfel Schleswig-Holsteins, direkt am Meer, liegt Friedrichskoog. Die flächengrößte Landgemeinde Dithmarschens besitzt den größten Kutterhafen der Westküste. Von der Küste aus kann man am Horizont die Ölförderanlage „Mittelplate" sehen. Unter Dithmarschens Wattenmeer lagert auf einem Salzstock in 1000 m Tiefe eine der größten deutschen Erdöl-Lagerstätten mit einem Umfang von 75 Millionen Tonnen. Von Dithmarschens zweitem großen Fischereihafen und beliebtem Urlaubsort, Büsum, fahren Schiffe in die Inselwelt der Halligen und nach Helgoland. Dithmarschens Hauptstadt Heide, Wesselburen, der Geburtsort des Dramatikers Friedrich Hebbel mit der Bartholomäuskirche und ihrem ungewöhnlichen Zwiebelturm oder Meldorf mit seinen alten Gassen um die mittelalterliche St. Johannis-Kirche, sind gemütliche Kleinstädte und stets einen Besuch wert.

Kaiser Wilhelm-Koog im südlichen Dithmarschen
Der fette Marschboden ist der beste Grund für Kohl, und die stete Brise des Küstenlandes läßt Windkraftanlagen gedeihen

STÖRTEBEKER

Die schlimmsten Seeräuber, die jemals über Nord- und Ostsee fuhren, waren die Vitalienbrüder. Sie brachten Viktualien, also Lebensmittel, über die Ostsee in das belagerte Stockholm. Diese ehrbare Tat brachte Ihnen den Namen Vitalienbrüder ein. Später verschrieben sie sich ganz dem Seeräuberhandwerk. Viel wildes Volk aus allen Ländern strömte da bei ihnen zusammen. Ritter gehörten ebenso zur Bande wie Bürger und Bauern. Sogar der Sohn eines Grafen von Oldenburg war unter ihnen. Ein Magister Wichbold, der die sieben freien Künste zu Rostock gelernt hatte, war einer ihrer besten Köpfe. Sie teilten ihren Raub stets zu gleichen Teilen und wurden darum auch „Likedeeler" genannt. Ihre Anführer hießen Godeke Michels und Klaus Störtebeker, und ihr Wahlspruch war: Gottes Freund und aller Welt Feind.

Woher Störtebeker stammte, weiß niemand so recht. Einige sagen, er sei in Ostfriesland geboren, aber die meisten berichten, er sei eines Edelmannes Sohn aus Halsmühlen bei Verden an der Aller. Er war allen im Raufen und Saufen überlegen, und zumal im Trinken war er so maßlos, daß er seinen großen Mundbecher voll Wein immer in einem Zuge hinunterstürzte. Davon bekam er seinen Namen „Störtebeker", von „stürz den Becher". Wenn Störtebeker Gefangene machte, die ein Lösegeld versprachen, so ließ er sie leben. Waren sie aber arme Teufel oder alt und schwächlich dazu, wurden sie kurzerhand über Bord geworfen. Wer ihm jedoch brauchbar und tüchtig erschien, den stellte er erst auf die Probe. Er schenkte seinen großen Mundbecher voll Wein und ließ ihn von dem Gefangenen auf einen Zug leeren. Wer das vollbrachte, den nahm er sich als Gesellen. Wer es aber nicht konnte, der hatte sein Leben meist verspielt. ■

Elbe vor Brunsbüttel
Wo früher Störtebeker den Koggen der Hanse auflauerte, ziehen heute die Containerriesen dem Meer entgegen

Nach der großen Flut von 1674 wurde Brunsbüttel rund um die 1678 errichtete Jakobuskirche neu erbaut

BRUNSBÜTTEL SOLL UNTERGEHEN

Zweimal ist der Ort Brunsbüttel von den Fluten der Elbe verschlungen worden. Nur zwei alte Häuser ließ die letzte Flut verschont. Das war Gottes Strafe für die Bewohner, die wegen ihrer Boshaftigkeit und Gottlosigkeit verrufen waren. Daher geht noch heute der Reim um: „Brunsbüttel is dat hochfarigs Ort, daer geit Ebb un Flot mit fort". Auf dem Marktplatz der Stadt hatte sich vor den Fluten mehrmals ein graues Männlein gezeigt, das warnend seine Stimme erhob und rief: „Ihr Leute, bekehrt euch! Noch ist es Zeit. Brunsbüttel wird untergehen!" Aber seine Warnung wurde verlacht; da brach eines Tages das Strafgericht Gottes über die Stadt herein. Seit jener Zeit hängen die Brunsbütteler Glocken drüben im Kehdingschen in Balje und rufen beim Läuten noch immer: „Hal roever! Hal roever!" Einer alten Prophezeiung nach soll die Stadt beim dritten Male durch Feuer untergehen. Vor langer Zeit wurde der Ort tatsächlich von einer Feuersbrunst heimgesucht, die drei Straßen in Asche legte. Das sahen die Menschen als Erfüllung der Prophezeiung an.

Neufelder Hafen an der Elbe
Wenn die Ebbe das Elbwatt trockenlegt, wirken die bunten Fischerboote und Segeljollen wie vergessenes Spielzeug an der hohen Pier

DER GEIST AUF BLANGENMOOR

Auf Blangenmoor bei Eddelak in Süderdithmarschen wohnte vor vielen hundert Jahren ein reicher Bauer namens Buhmann, der auch als Landvermesser tätig war. Der Mann führte ein ruchloses Leben, hatte einen Meineid geschworen, als Armenvorsteher Geld unterschlagen, hatte Land absichtlich falsch abgemessen und sonst noch allerhand üble Taten begangen. Deshalb fand er nach seinem Tod auch keine Ruhe im Grab und mußte als Geist auf Erden umherirren. Nacht für Nacht rumorte er in seinem früheren Hause umher, so daß die Nachbarn nicht schlafen konnten.

Da riefen sie den Pastor Hellman aus Marne zu Hilfe, denn dieser verstand sich darauf, Geister zu bannen. Als der Pastor in des Bauern ehemaligem Haus dessen Geist stellte, erklärte sich dieser bereit, aus dem Hause zu weichen. Nur einen Wunsch hatte er noch. Er wolle unbedingt auf das trockene Land verwiesen werden und nicht auf die weiten Flächen des Wattenmeeres. Denn von dort könne man niemals wieder zurückkommen. Der Pastor gewährte diese Bitte und verwies ihn in die große Heide auf der Geest, wo sich noch viele andere Geister aufhielten. Dort sollte Buhmann einen bestimmten Platz ausmessen. Alle sieben Jahre durfte er um einen Hahnentritt seinem Hause näher kommen. Als der Geist an dem Ort seiner Verbannung ankam, fuhr just in diesem Moment ein Bauer mit einer Fuhre Torf von der Geest herunter und wollte nach Helserdeich bei Marne. Buhmann sprang gleich hinten auf den Wagen, der dadurch sehr schwer wurde. Nur mit Mühe kam der Bauer bis zu seinem Hof. Als Buhmann an seinem alten Haus vorbeikam, fuhr der Geist sogleich wieder in das Gemäuer und begann sein Poltern noch viel ärger als früher. Man rief wieder den Pastor, der ihn abermals auf die Heide verbannte. Aber der Geist floh nun auf einer Henne zum Fahrenstedter Deich. Das konnte er, weil der Pastor ihn draußen auf dem Felde zur Rede stellte, was er nicht hätte tun sollen. Doch nicht lange darauf ertappte der Pastor den Geist Buhmanns abermals. Jetzt polterte er in einer Wohnstube. Der Kirchenmann fragte ihn, wie er sich habe unterstehen können, zurückzukehren. Buhmann antwortete, er sei zu Wagen heruntergekommen, das Fahren sei ihm ja nicht verboten gewesen. Da drohte der ergrimmte Pastor, ihn aufs Watt zu bannen, wo niemand ihn jemals wieder erlösen würde. Der Geist wurde jetzt frech und versuchte zu zeigen, daß der Pastor auch ein großer Sünder sei und bezichtigte ihn, einmal Roggenähren abgerissen zu haben. Der Pastor antwortete, das sei unversehens mit den Schuhschnallen geschehen, als er durch ein Feld ging. Dann beschuldigte ihn der Geist, daß er einmal einem Bäcker einen Stollen genommen habe, ohne zu bezahlen. Aber der Pastor erklärte, er habe das Geld dafür gleich nachher in die Bäckerei gebracht. „Aber“, sagte der Geist, „du hast einmal ein Mädchen geküßt, wozu du kein Recht hast.“ Der Pastor entgegnete: „Das geschah aus wirklicher Liebe.“ Nun wußte der Geist nichts mehr vorzubringen, und der Pastor bannte ihn aufs Watt und gab ihm auf, den Sand auf den Watten zu zählen. Könnte er einmal damit vor Mitternacht fertig werden, dann sollte er frei sein.

Draußen auf dem Watt, wo Buhmann jetzt umgeht, hausen noch andere Geister, die dorthin verbannt wurden. Die armen Fischer, die auf den Butt- und Krabbenfang ausgehen, sehen sie da oft umherschweben. Den Buhmann, den die Fischer „Juchen Knoop“ nennen, sehen sie meistens an lebensgefährlichen Tiefen stehen. Nähert sich jemand dem Geist, so weicht dieser immer weiter zurück, an noch ge-

Krabbenkutter im Dithmarscher Watt

fährlichere Stellen. Folgt ihm der unvorsichtige Fischer, so läuft er Gefahr, in Schlick und Sand zu versinken. Kommt dann die Flut, so muß er ertrinken. Doch manchmal ist Buhmann auch gutartig. So half er einem Fischer, der an der Fallsucht litt und einmal von diesem Übel heimgesucht wurde, als er draußen stand, während gerade die Flut herankam. Da trug Juchen Knoop ihn ans Land zurück und rettete den Fischer so vor dem sicheren Tode. Ein anderes Mal, als unerwartet schnell eine Sturmflut heranbrauste und ein Außendeichshirte sein Vieh nicht mehr rechtzeitig zurücktreiben konnte, rief der verzweifelte Hirt: „Juchen Knoop, hal uns god tohop!" Und wirklich erschien der Gerufene. Im Nu war alles Vieh geborgen. Auch sonst hat Buhmann den Hirten in mancherlei Gefahren beigestanden. So muß der verbannte Geist schon seit Jahrhunderten sein verdientes Los ertragen. Die Menschen am Watt haben es bald zu ihrem Nutzen, bald zu ihrem Schaden am eigenen Leib zu spüren bekommen.

Dithmarscher Windmühlen
Der Gallerieholländer Ursula von 1875 in Barlt ist eine noch voll betriebsfähige Windmühle

Windmühle Fortuna
Erbaut 1853, bei Dörpling nahe Tellingstedt

Mühle Edda
Ein 1842 erbauter Erdholländer bei St. Michaelisdonn, der ebenfalls noch funktionstüchtig ist

Gallerieholländer Aurora in Weddingstedt
Errichtet im Jahre 1880

Die Bergholländer-Windmühle Imanuel im Marner Neuenkoogsdeich wurde 1876 errichtet und 1983 neu aufgebaut

In der Mühle Vergißmeinnicht, einem Gallerieholländer in Friedrichskoog, erbaut 1860, befindet sich heute ein Standesamt

DIE ZAHLEN EINS BIS SIEBEN

In Dithmarschen lebte einst ein Bauer glücklich und zufrieden mit Weib und Kind. Er besaß Haus und Hof und dazu soviel Land, daß sie davon gut leben konnten. Da brach einmal eine Seuche aus, die fast sein ganzes Vieh vernichtete. Doch wußte er sich durch Sparsamkeit und Fleiß über die Not hinwegzuhelfen und schaffte sich bald wieder neues Vieh an. Kaum glaubte der Mann, die schwere Zeit überstanden zu haben, so kam die Krankheit zum zweitenmal und tötete wieder fast alle seine Tiere. Auch dieses Unglück konnte seine Ausdauer nicht brechen, und er arbeitete sich wieder in die Höhe. Als der Hof aber zum drittenmal von der Seuche heimgesucht wurde, kam der Bauer in die schlimmste Not. Es fehlte an Milch, Brot, Butter und Speck. Die Nachbarn mochte er in dieser schrecklichen Bedrängnis auch nicht um Hilfe bitten, denn ihnen erging es nicht besser. Seine Äcker konnte er dieses Jahr nicht bestellen, denn die Pferde, die er zur Arbeit brauchte, waren tot.

Als der Bauer an einem klaren Herbstmorgen, in düstere Gedanken versunken, durch das Feld ging, da glaubte er, Gott hätte ihn wohl vergessen. In seiner Trostlosigkeit schlug er die Hände über dem Kopf zusammen, als die Frage vor ihm stand, wie wohl in diesem Winter Weib und Kind zu ernähren seien? Während der Bauer noch mit seiner Verzweiflung rang, bemerkte er plötzlich ein kleines Männlein vor sich. Es war mit einem grauen Rock bekleidet und hatte einen dreieckigen Hut auf dem Kopf. Es schaute ihn mit forschenden Blicken an. Verwundert blieb der Bauer stehen, er konnte sich nicht erklären, woher dieses Männchen auf einmal gekommen war. Schweigend wollte er dann an ihm vorübergehen. Das Männchen aber sprach ihn an: „Sag mir doch, warum du so traurig bist, lieber Freund! Vielleicht kann ich dir helfen.“ „Ach“, erwiderte der Bauer, „wie sollst du mir helfen können?“ Der kleine Mann ließ aber nicht nach, sondern fragte immer wieder, bis ihm der Bauer den Grund seiner Trauer ausführlich erzählt hatte. Da kniff das Männlein seine klugen Äuglein zu, schnalzte mit den Fingern und rief: „ Wenn es weiter nichts ist, kann dir geholfen werden. Höre: Ich gebe dir auf fünfundzwanzig Jahre vier Pferde, die mehr arbeiten können, als zehn andere und obendrein nicht gefüttert werden brauchen. Du kannst sie jeden Morgen anspannen und brauchst sie nur abends in den Stall zu führen. Alles übrige besorge ich. In diesen fünfundzwanzig Jahren sollen deine Felder reichlich Ertrag bringen. Ich stelle nur eine Bedingung: Sobald die Zeit abgelaufen ist, mußt du mir die Antwort auf eine Frage geben, die ich dir jetzt stellen werde. Kannst du sie nicht beantworten, so bist du mir verfallen.“ Der Bauer stimmte zu, ohne sich weiter zu bedenken. Er hoffte, während der langen Frist schon die Antwort auf die Frage zu finden. Da fragte der Kleine: „Was bedeuten die Zahlen eins bis sieben? Dies sollst du mir nach fünfundzwanzig Jahren beantworten“. Der Kleine hielt seine Hand hin, und der Bauer schlug ein. Dann begleitete das Männlein den Bauern noch bis ans Dorf. Zum Abschied gab er ihm einen vollen Beutel mit Geld und war verschwunden. Als der Bauer heimkam, standen vier Pferde im Stall. Die Bäuerin erklärte, ein fremder Knecht habe sie gebracht. Nun kehrten Glück und Zufriedenheit aufs neue ins Haus zurück. Kühe wurden gekauft, und der Haushalt kam wieder in Ordnung. Jeden Morgen fuhr der Bauer mit seinen vier Pferden aufs Feld. Die Arbeit ging wundervoll vorwärts. Abends brachte er sie in den Stall und ließ den Zwerg für sie sorgen. Seine Ernte war reichlicher als die seiner Nachbarn. Bald war der Bauer ein vermögender Mann. Er baute sich ein neues, schönes Haus und kaufte mehrere Grundstücke, so daß sein Hof stark vergrößert war. Fiel ihm einmal die Frage ein, die er beantworten sollte, so dachte er, das hätte wohl noch Zeit. Über die Lösung der Frage könne er im nächsten Jahr nachdenken, und er schlug sich die Gedanken daran aus dem Sinn. So verfloß die Zeit, und es waren vierundzwanzig Jahre herum. Nun gab es keinen Aufschub mehr. Der Bauer begann zu grübeln und zu raten, was wohl die Zahlen von eins bis sieben bedeuten könnten. Doch wie sehr er sich auch quälte, er fand keine Antwort. Darüber wurde er ganz stumm und verdrossen, ja, zuletzt krank und elend. Seine Frau und die Kinder sahen dies mit großer Sorge und wollten von ihm wissen, was ihm denn fehle. Er aber schwieg. Doch je näher der Tag der Beantwortung kam, desto schlimmer wurde es mit dem Bauern. Voller Angst und Unruhe lag er im Bett. Speise und Trank nahm er kaum noch zu sich. Seine Frau und die Kinder blieben voller Besorgnis immer an seiner Seite.

Als nun der festgesetzte Tag anbrach, und die Zeit gegen Mittag ging, schärfte der Kranke seiner Frau aufs dringlichste ein, alle Türen und Fensterläden des Hauses zu schließen und niemanden einzulassen, der ihn sprechen wolle. Da zog plötzlich schwarzes Gewölk am Himmel auf, und ein schreckliches Unwetter brach los. Der Sturm heulte und fauchte, es donnerte und blitzte und der Regen goß in Strömen vom Himmel. Da pochte es an der Tür, doch niemand öffnete. Es klopfte wieder und wieder. Schließlich bat eine Stimme vor der Haustür flehentlich um Einlaß und Schutz vor dem Unwetter. Endlich wagte sich die Bäuerin an die Tür. Dort stand ein freundlicher Mann. Er sah gut aus, war schlicht gekleidet und hatte einen Stock in der Hand. Inständig bat er um Einlaß und erwähnte im Lauf des Gespräches, daß er auch Kranke zu heilen verstehe. Da ließ ihn die Bäuerin schließlich eintreten. Nun forderte der Fremde die Frau und die Kinder auf, ihn mit dem kranken Mann allein zu lassen. Er setzte sich zu dem Bauern ans Bett, tröstete ihn und wußte durch sein Benehmen den Kranken so zu gewinnen, daß dieser ihm unter vielen Tränen den Grund seines Leides bekannte. Da sprach der Fremde: „Guter Freund, ihr seid leichtsinnig gewesen. Aber ich will euch helfen. Merkt auf: Eins ist eine Schiebkarre, zwei eine kleine, zweirädrige Kutsche, drei ein Dreifuß, vier ein Wagen, fünf die Finger an der Hand, sechs die Werktage in der Woche, sieben das Siebengestirn. Nun steht auf und seid getrost." Der Bauer erhob sich und fühlte sich gleich wieder leicht und wohl. Als er sich aber umsah, war der Fremde verschwunden. Da merkte er, daß es unser Herr Christus selbst gewesen sein mußte, der sich seiner angenommen hatte. Wo aber der Herr selbst erscheint, da hat der Teufel sein Spiel verloren.

Das Unwetter jedoch dauerte noch immer an, ja es sah aus, als ob es stets schlimmer würde. Als der Abend anbrach, fuhr mit einem tosenden Wirbelwind der Böse ins Haus und fragte grinsend nach der Bedeutung der Zahlen. Da lachte der Bauer und gab Antwort auf die Frage. Nun konnte ihm der Teufel nichts anhaben. Fluchend auf den, der ihm sein Spiel verdorben hatte, stürzte der Satan in den Stall, riß die vier Pferde vom Stand und raste mit ihnen durch die Luft davon. Sogleich ging das Unwetter zu Ende. Der Bauer lebte von nun an noch lange Jahre glücklich mit den Seinen, und der Segen des Himmels lag auf allen seinen Werken. ■

GRAF RUDOLF AUF DER BÖKELNBURG

Auf der Bökelnburg saß einst ein Graf Rudolf, der die Dithmarscher Bauern alle in schwerer Dienstbarkeit hielt. Zum Zeichen ihrer Abhängigkeit mußten die Bauern am Hals ein Joch tragen, mit dem sonst das Vieh im Stall angebunden stand. Lange mußten sie diese Schande dulden. Walburga, des Grafen Frau, hatte ihn zu dieser Härte angestiftet. Sie trieb ihn auch dazu, daß er noch eine weitere große, ungewöhnliche Abgabe in jenem Jahr verlangte, in dem der Winter so hart war und die Kälte so grimmig, daß die Vögel in der Luft erfroren und tot herunterfielen. Darauf folgten Teuerungen und eine Hungersnot, so daß Menschen und Vieh in großer Zahl starben. Da baten die Bauern den Grafen schließlich, er möge ihnen die Abgabe des Korn erlassen, damit sie nicht verhungern müßten. Er sah wohl ein, daß doch wenig oder gar nichts einkommen könnte und erließ ihnen also die Abgabe. Doch dieses nur unter der Bedingung, die Abgabe im folgenden Jahr doppelt zu entrichten.

Zu dieser Zeit wohnte zwischen Schafstedt und Eckstedt auf einem großen Hof ein reicher und freier Großbauer, der ein vornehmer Mann war. Den bat der Graf im folgenden Jahr einmal bei sich zu Gast und bewirtete ihn stattlich. Während des Schmauses ließ er Musik machen. Nach einiger Zeit lud ihn der Bauer dafür wieder ein und stellte ein großes Gastgebot auf. Wie es früher öfter bei Hochzeiten und anderen Festen geschah, wurden Säcke voller Korn hingestellt und Bretter darübergelegt. Darauf saßen die Gäste. Aber statt des Saitenspiels und der Musik ließ der Bauer erst seine Schweine heraus, dann die Schafe und das Jungvieh, darauf die Kühe und endlich die Pferde, alle nacheinander. Die trieben mit Springen und Laufen ihre Kurzweil und machten keinen geringen Lärm. Als die Frau des Grafen aber diesen ganzen Reichtum sah, stiftete sie ihren Mann dazu an, daß er die Pacht nun ernstlich fordern solle. Darum hielt er nun auch die Bauern mit Gewalt dazu an, daß sie beide Abgaben, nämlich die des vorigen Jahres nachständige und dieses Jahres fällige Pflicht, eines mit dem andern aufbrächten. Die Bauern aber wurden böse, denn sie hatten gerade erst die ärgste Not überwunden. Daher sannen sie auf Gelegenheit und Mittel, wie sie gleichzeitig ihr Joch ablegen und ihre alte Freiheit wiedererlangen könnten. Das ist ihnen auf diese Weise gelungen:

Als die Bauern am Sankt-Martins-Abend, dies ist der elfte November, das Korn auf die Burg bringen sollten, schickten sie erst einige Wagen mit vollen Säcken voran. Auf den ersten aber setzte sich ein Bauer mit seiner schönen Tochter, die der Bökelnburger Herr wohl leiden mochte. Auf den übrigen Wagen verbargen sich starke Männer in und unter den Säcken. Nebenher gingen nicht weniger starke, als wenn sie das Korn abladen wollten. So fuhren sie eilends hintereinander her. Bald war der Burgraum voll und etliche hielten, wie verabredet war, unter dem Tor, damit dieses nicht versperrt werden konnte. Als die vorderen Wagen abgeladen wurden und der Graf keinen Argwohn hegte, erscholl von den hinteren Wagen die Losung: „Röhret die Hände! Snydet de Sacksbände!“ Da schnitten sich die Verborgenen heraus. Die Wagenführer und die Sackträger rotteten sich mit ihnen zusammen und mit ihren langen Messern bewaffnet, fielen sie über die Leute in der Burg her. Als die Gräfin die Gefahr bemerkte und nichts Gutes ahnte, sprang sie aus dem Fenster des Schlosses in das fließende Wasser hinein, das bis auf den heutigen Tag nach ihr „Wolbersaue“, „Walburgsaue“, heißt. Den Grafen aber suchte man überall vergebens. Als man nun das Schloß schleifte und zerstörte und schon der dritte Tag vergangen war, beobachtete man, wie die Elster, die der Graf gezähmt und zur Kurzweil stets bei sich gehabt hatte, vor einem verborgenen Gang saß und immer seinen Namen rief. Da zog man ihn hervor, erstach ihn und riß vollends alles nieder, daß weiter keine Spur als der große Ringwall übrigblieb. ■

Bauernwindmühle in Dellstedt
1926 baute sich ein Landwirt auf seinem Hof eine eigene Windmühle. Dieser Gallerieholländer „light“ ist einzigartig in Deutschland.

Blick vom Geesthang bei Hopen über das Marschenland, hier brandete einst das Meer an die Steilküste

DER GELDSOT

Zwischen dem Dorf Hopen und St. Michaelisdonn sprudelt am Abhang der Geest, eben über der Marsch, eine klare Quelle, die der Geldsot genannt wird. Vor vielen Jahren lag ganz in der Nähe ein reiches Dorf, das aber nach dem Moskowiterkrieg ausstarb und verfiel. Nur ein Hirte lebte noch hier, dem Geld und Gut zufiel. Vor seinem Tode versenkte er alles im Brunnen, weil er keine Erben hatte. So erhielt dieser seinen Namen. Stößt man mit einem Stock hinein, so klingt es ganz hohl. Oft hat man auf dem Grunde des klaren Wassers einen kleinen schwarzen Mann mit einem dreieckigen Hut gesehen, der ein brennendes Licht in der Hand trug und es immer hin- und herschwenkte. Kam einer und griff danach, verschwand alles. Oft hat man versucht, den Schatz zu heben. Einmal machten sich des Nachts mehrere Burschen auf und gruben stillschweigend die Quelle auf, bis sie auf einen großen Braukessel trafen. Sie legten eine Winde quer über das Loch und befestigten Seile an dem Kessel, um ihn heraufzuziehen. Plötzlich sauste ein ungeheures Fuder Heu, mit sechs weißen Mäusen davor, den Geesthang hinauf an ihnen vorüber. Noch behielten sie so viel Besinnung, daß keiner einen Laut von sich gab. Der Kessel war schon so hoch heraufgezogen, daß sie ihn mit der Hand erreichen konnten, da kam das kleine schwarze Männlein mit seinem dreieckigen Hut auf einem dreibeinigen Schimmel heraufgeritten und wünschte den Leuten einen guten Abend. Aber sie antworteten nicht. Als er nun aber fragte, ob sie nicht meinten, daß er noch das Fuder Heu einholen könnte, rief einer: „Du hinkender Krüppel, hol dich der Teufel!“ Da versank der Kessel wieder, der Windelbaum brach und der schwarze Mann verschwand. Viele versuchten es später wieder, aber alle sind durch ähnlichen Spuk gestört und zum Sprechen gebracht worden. ■

Blick vom Kaiserberg auf Albersdorf und die Dithmarscher Geest

Großsteingrab Brutkamp in Albersdorf, eines der steinzeitlichen Gräber auf Dithmarschens „Klassischer Quadratmeile der Archäologie“

DER RIESENSTEIN

Als die Albersdorfer Kirche gebaut ward, erzürnte ein im Norden wohnender Riese sich so sehr darüber, daß er einen Stein bei Tellingstedt aufnahm und gegen das Dorf warf. Aber er war schon recht alt und seine Augen nicht mehr die besten. So fiel der Stein, ohne Turm und Kirche zu treffen, auf dem Brutkamp nieder, wo er noch heute liegt. Bei Albersdorf soll es überhaupt viele Riesen gegeben haben. Einstmals gab es vier oder fünf sogenannte Riesenbetten, „Reesenbetten“, wo die Riesen begraben sein sollen. Ein Gehölz in der Nähe heißt „Reesenreem“ und ein Hügel „Reesenbarg“.

Fischereihafen Friedrichskoog
Im größten Kutterhafen der Westküste werden täglich große Mengen der begehrten Nordseekrabben angelandet

Der Trischendamm vor Friedrichskoog
Der Leitdamm aus Basaltsäulen ragt weit in das Dithmarscher Wattenmeer. Rechts am Horizont sieht man die Erdölförderanlage Mittelplate.

Dieser typische Dithmarscher Hof mit Windrad liegt im Kaiser-Wilhelm-Koog direkt am Elbdeich

DER TEUFEL HOLT DEN LETZTEN

Maeß Anneken Herken war ein wohlhabender Bauer in Epenwöhrden bei Meldorf. Er war ein roher, gottloser Geselle. Ebenso waren sein Bruder Maeß Anneken Hans und der Vater. Als Bruder und Vater eines Tages von Meldorf nach Hause wollten, ertranken beide nacheinander an der Mielbrücke. Eines anderen Tages war auch Maeß Anneken Herken nach Meldorf geritten, um allerlei einzukaufen. Er brachte aber den ganzen Tag zu in Schwelgen und Saufen, ließ sich in jeder elenden Schenke sehen und führte gotteslästerliche Reden. Als er darauf bei Nacht nach Hause wollte, gab man ihm einen Knaben als Geleit mit und setzte ihm diesen hinten aufs Pferd. Eben draußen vor Meldorf befahl ihm aber Maeß Anneken Herken, abzusteigen und umzukehren. So ritt er allein weiter und rief: „Der Teufel hole den Letzten." Am anderen Morgen, als man ihn im Dorfe vermißte und an die Mielbrücke kam, sah man weiter südwärts den Fluß hinunter sein Pferd stehen. Nach einiger Suche fand man bald die Leiche des Bauern, der noch einen kleinen Korb über dem Arm hatte. Was in jener Nacht geschehen war, weiß niemand zu sagen. Viele aber wußten, daß am Tage zuvor um die Mittagstunde ein schwarzer Reiter mit seinem Pferde zur Brücke geritten war. Doch wo dieser geblieben war, hatte niemand gesehen.

Die Meldorfer St. Johannis-Kirche, eine dreischiffige Gewölbebasilika, wurde zwischen 1250 und 1300 erbaut und ist ein bedeutendes Beispiel der Backsteingotik. Umgangssprachlich als „Meldorfer Dom“ bezeichnet, ist sie die wichtigste Kirche in Dithmarschen und an der Schleswig-Holsteinischen Westküste, so meinen zumindest manche.

Hinter einem Bakenlager erhebt sich der 25 m hohe Büsumer Leuchtturm. Er ist einer von insgesamt 20 Leuchttürmen an der Schleswig-Holsteinischen Westküste.

Blick von der Eisenbahnbrücke auf den Nord-Ostsee-Kanal bei St. Michaelisdonn
Der 98 km lange Kanal ist die meistbefahrene künstliche Wasserstraße der Welt und erspart den Schiffen die 250 Seemeilen um Skagen

Die Elbe an der Einfahrt des Nord-Ostsee-Kanals bei Brunsbüttel
Das Gras ist grün, die Sonne scheint - was macht's, wenn gleich der Himmel weint. Für diese drei ist's einerlei.

Nordfriesland, Eiderstedt und die Inseln

Nördlich der Eider, Schleswig-Holsteins größtem Fluß, liegt Nordfriesland. Wasser und Wind sind die prägenden Elemente des flachen Landes, dessen Weite fast nahtlos in die Unendlichkeit des Himmels übergeht und wo der stete Westwind die vielen Windräder beständig in Schwung hält. Wenn in Herbst und Frühjahr Stürme die Wolken über den Himmel treiben und sich tosend die Brandung an Strand und Deich bricht, kann man hier die Urgewalten der Natur besonders intensiv spüren. Emil Nolde, der sich in Seebüll nahe der dänischen Grenze niederließ, war einer der Maler, die das intensive Licht dieser Landschaft in leuchtenden Farben einfingen, und der aus Husum stammende Schriftsteller Theodor Storm beschrieb den Kampf der Menschen gegen die Kraft der Meeresfluten eindrücklich in seiner Novelle „Der Schimmelreiter".

Husum, die „graue Stadt am Meer", wie Theodor Storm sie einst beschrieb, ist vor allem im Sommer alles andere als grau. Auf dem Markt vor der klassizistischen Marienkirche herrscht buntes Treiben, und am alten Hafen sind die vielen Fischrestaurants immer gut besucht. Rund um das einstige Wohnhaus des Schriftstellers in der Wasserreihe, wo alte Giebelhäuschen mit bunten Türen die schmalen Gassen säumen, kann man noch viel vom Leben des 19. Jh. erspüren. Zum Anziehungspunkt für Touristen wird die Stadt besonders im Frühjahr, wenn Millionen Krokusse den Husumer Schloßpark in ein violettes Blütenmeer verwandeln. Die Mönche des Klosters, das vormals an der Stelle des Schlosses stand, bauten einst die Zwiebelgewächse an. Der aus den Staubgefäßen der Blüten gewonnene Safran sollte dem Klosterlikör eine leicht bittere Note geben.

Das an der Eider gelegene Friedrichstadt wurde 1621 durch Herzog Friedrich III. von Schleswig-Holstein-Gottorf gegründet und nach Plan erbaut. Der Herzog holte die Arminianer aus den Niederlanden, die dort wegen ihres Glaubens verfolgt wurden, und ließ sie die Stadt nach ihren Vorstellungen gestalten. Mit viel Fleiß wurde ein Ort mit Grachten und Giebelhäusern nach dem Vorbild Amsterdams errichtet. Friedrichstadt gehört heute zu Deutschlands herausragenden kulturhistorischen Sehenswürdigkeiten. Auch im flußabwärts an der Eidermündung gelegenen Tönning ist niederländischer Einfluß unverkennbar. Der kleine historische Hafen ist die Heimat einer Krabbenkutterflotte und bietet ein romantisches Bild. Tönning ist das Zentrum des ehemaligen Kreises Eiderstedt. Diese meist bäuerlich geprägte Halbinsel ist bekannt für schmucke Bauernhöfe, die großen Haubarge mit ihren mächtigen, reetgedeckten Dächern, und viele alte Kirchen. Seewärts lockt das Bad Sankt Peter-Ording mit seinen ausgedehnten Stränden und Westerheversand mit seinem markanten Leuchtturm.

Das Wattenmeer, seit 1986 Nationalpark, ist Heimat zahlloser, seltener Tiere. Zusammen mit der Inselwelt der Halligen, der Insel Föhr und den eindrucksvollen Dünenlandschaften der Inseln Amrum und Sylt zählt das Gebiet zu den wertvollsten Naturräumen Europas. Hier ist das Leben geprägt vom Wirken der Gezeiten; und der Mensch rang seit Alters her mit den Fluten der Nordsee. Für den westgermanischen Volksstamm der Friesen, deren Siedlungsraum sich von den Niederlanden entlang der Nordseeküste bis nach Dänemark erstreckt, war der Kampf gegen die Gewalten des Meeres schon immer ein Existenzkampf. So soll die südwestlich der Hallig Südfall gelegene, sagenumwobene Stadt Rungholt am 16.1.1362 in der größten Sturmflut des Mittelalters versunken sein. In dieser Marcellusflut sind über 100.000 Menschen ertrunken. Die Inseln Nordstrand und Pellworm sind Reste der einstigen Insel Altstrand, die am 11. Oktober 1634 in einer gewaltigen Flut versank und 6000 Menschen das Leben kostete.

Leuchtturm Westerhever
Malerisch erhebt sich der 41,5 m hohe Turm zwischen den zwei Wärterhäusern. 1907 erbaut, ist er eines der bekanntesten Seezeichen der Küste.

Abend über dem Katinger Watt an der Eidermündung

WIE DER GRÜTZTOPF IN DAS FRIESISCHE WAPPEN KAM

Die Friesen waren einst im Krieg mit den Dänen. Während einer Schlacht gerieten sie in so arge Bedrängnis, daß sie die Flucht ergriffen. Die friesischen Weiber, welche im Lager eben Brei kochten, nahmen die Grütztöpfe, als sie ihre Männer so feige sahen, und gingen damit dem Feind entgegen. Rechts und links flog nun der heiße Brei den Dänen um die Ohren. Diese waren anfangs verwundert und lachten. Als aber die Friesen ihrer Frauen Kühnheit sahen, kehrten sie von Scham erfüllt um und begannen die Schlacht von neuem. Da kam die Reihe des Fliehens an die Dänen. Später hieß es, die friesischen Weiber hätten die Dänen mit dem Breitopf in die Flucht geschlagen, worauf die Männer ihn aus Dankbarkeit in das friesische Wappen aufnahmen.

Giebelhäuser nach niederländischem Vorbild in Friedrichstadt

GESPENSTISCHE LEICHENZÜGE

Am Eiderdeich bei St. Annen war jemand gestorben und zu Grabe gebracht worden. Anschließend tranken sich die Sargträger im Wirtshaus zu St. Annen noch einen. Einer von ihnen aber, der ganz besonders den Schnaps liebte, trank sich einen ganz gehörigen Rausch an. Erst abends, als es bereits dunkel war, machte er sich auf den Heimweg. Unterwegs begegnete ihm ein gespenstischer Leichenzug. Als der Zug nun dicht bei ihm war, rief er: „Was? Habt ihr schon wieder einen, wir haben heute doch schon einen begraben. Wer ist das denn?“ „Das bist du!“, rief ihm eine Stimme zu. „Noch in zwanzig Jahren nicht“, entgegnete er. Kaum aber hatte er das gesagt, so war sein Rausch verflogen und er bekam es mit der Angst. Wie er nun nach Hause kam, mußte er sich ins Bett legen und kam auch nicht wieder aus dem Bett heraus, sondern blieb zwanzig Jahre krank bevor er starb.

DIE PRINZESSINNEN IM TÖNNINGER SCHLOSS

Als Tönning einmal von Feinden belagert war, haben die drei Töchter des Generals, der das alte Schloß bewohnte und die Stadt verteidigte, ein Gelübde getan und sich in den Keller verwünscht. Das Schloß ist nun längst abgetragen, aber die Keller sind noch da und von der Wasserseite sichtbar. In diesen Kellergewölben werden die verzauberten Prinzessinnen von einem großen Höllenhund mit feurigen Augen bewacht. Ein Matrose faßte einmal den Entschluß, sie zu befreien. Er ging zu einem Prediger, ließ sich das Abendmahl geben und sich über die ganze Sache genau unterrichten. Dann begab er sich, ausgerüstet mit einem guten Spruch, auf den Weg und kam bald an ein großes, eisernes Tor, das sogleich aufsprang, sobald er nur seinen Spruch gesagt hatte.

Als er nun hineintrat, saßen die drei weißen Jungfern da und lasen und zerpflückten Blumen und Kränze. In einer Ecke aber lag der Höllenhund; zähnefletschend starrte er den Matrosen mit seinen glühenden Augen an. Als der Matrose sah, wie schön die Jungfrauen waren, faßte er Mut und fragte, wie er sie erlösen könne. Die Jüngste antwortete, daß er das Schwert, das an der Wand hänge, nehmen und damit dem Hunde den Kopf abschlagen müsse. Der Matrose nahm das Schwert herunter und erhob es schon zum Hiebe, da sah er seinen alten Vater vor sich knien und hätte ihn beinahe unfehlbar getroffen. Voller Entsetzen warf er das Schwert weg und stürzte zur Tür hinaus, die mit ungeheurem Krachen zufiel. Danach wurde der Matrose krank und starb binnen drei Tagen. So sitzen die Prinzessinnen noch heute in dem Gewölbe und harren auf Erlösung. ■

Tönning mit seinen historischen Krabbenkuttern

DIE ABGEHAUENE PFOTE

Auf Eiderstedt gab es einen Müller, dem brannte alle Weihnachtsabende seine Mühle ab. Nach Jahren des Unglücks kam ein Knecht namens Hans bei ihm in Stellung, der hatte Mut genug, in der gefährlichen Nacht Wache zu halten in der Mühle. Er legte ein großes Feuer an und kochte sich einen Kessel voll Brei, den er mit einer großen Holzkelle umrührte. Zur Sicherheit hatte er einen alten Säbel neben sich liegen. Bald kam eine ganze Schar Katzen in die Mühle. Da hörte er, wie eine leise zu der anderen sagte: „Mäuselein! Setze dich zu Hänselein!“, und eine schöne schneeweiße Katze kam darauf herbeigeschlichen und wollte sich zu ihm setzen. Da langte er in den Kessel und warf ihr eine Kelle voll heißen Brei ins Gesicht, ergriff sogleich seinen Säbel und hieb ihr eine Pfote ab. Da verschwanden die Katzen, als er aber genauer hinsah, fand er statt der Pfote eine schöne Frauenhand mit einem goldenen Ring. Auf dem Ring stand seines Herrn Zeichen. Am anderen Morgen lag die Müllerin im Bett und wollte nicht aufstehen. „Gib mir deine Hand, Frau!“, sagte der Müller, und obgleich sie sich weigerte, mußte sie zuletzt doch den Arm hervorstrecken. Es fehlte ihr tatsächlich die Hand. Als die Obrigkeit das erfuhr, da wurde die Müllerin als Hexe verbrannt.

Getreidesäcke, wie sie oft auf den Mühlenböden zu finden waren

Martje Floris

Auf Eiderstedt gibt es die Sitte, bei jedem Gastessen den Trinkspruch „Martje Floris Gesundheit" auszubringen, darauf anzustoßen und zu trinken. Diese gute Sitte, die sich auch schon über die Grenzen der Landschaft verbreitete, sollte nie vergessen werden. Als nämlich Tönning im Jahre 1700 belagert wurde, hatte eine Gesellschaft von feindlichen Offizieren auf einem Hof in Katharinenheerd Quartier genommen. Sie ließen sich von den Besitzern bewirten und benahmen sich äußerst rüpelhaft. Der Wein floß in Strömen und sie zechten und lärmten, ohne auf die Hausleute viel zu achten, als wären sie selber die Herren. Martje Floris, die kleine zehnjährige Tochter des Hauses, stand dabei und sah mit Unwillen und Bedauern dem Treiben zu, weil sie der Trübsal ihrer Eltern gedachte, die ein solches Leben in ihrem Hause dulden mußten. Da forderte einer der übermütigen Gäste das Mädchen auf, heranzukommen und auch einmal eine Gesundheit auszubringen. Was tat nun Martje Floris? Sie nahm das Glas und sprach: „It gah uns wol up unse ole Dage." Und von der Zeit an trennen sich auf Eiderstedt selten Gast und Wirt, ohne des Mädchens und ihres Trinkspruches zu gedenken, und jeder versteht, wenn es heißt: „Martje Floris Gesundheit". ■

Haubarg auf Eiderstedt
Schafe, grüne Wiesen, dramatischer Himmel und alte Bauernhöfe unter Reet, wie hier der Haubarg Fleudenberg bei Kotzenbüll

Haubarg Hamkens bei Tating
Eiderstedts typische Höfe bergen alles unter einem Dach, so auch das Heu (niederdeutsch: „Hau“), woraus das Wort Haubarg abgeleitet wurde

DIE BEIDEN DRESCHER

Bei Katharinenheerd auf Eiderstedt liegt ein schöner Haubarg, an dessen Lohtor zwei Drescher abgebildet sind. Der eine ist sehr groß, der andere klein und hat einen schwarzen Rock an. Unter dem Großen steht der Spruch: „Ich bin der Mann, der dreschen kann," und unter dem Kleinen steht: „Ich kann auch wohl dreschen, wenn es nur Arbeit lohnen soll". Man erzählt darüber folgende Geschichte: Es gab einst in Witzwort einen so großen und starken Mann, der seine Helfer alle zu Tode drosch. Am Ende wollte es keiner mehr mit ihm aufnehmen, und wenn er einmal auf den Markt kam und sich einen neuen Helfer suchen wollte, sagte ihm jeder: „Mit dir mag der Teufel selbst nicht dreschen." Als er nun wieder einmal auf dem Markte war, trat ein kleines schwarzes Männlein an ihn heran und fragte: „Bist du der Mann, der dreschen kann?" Der Große antwortete: „Ja, ich bin der Mann, der dreschen kann." Da sprach der Kleine: „Ich kann auch wohl dreschen, wenn es nur Arbeit lohnen soll. Willst du es einmal mit mir versuchen und mich zum Helfer haben?" - „Komm nur mit", sagte der Große, „ich habe schon andere Gesellen gehabt und sie alle totgemacht, aber du siehst doch wohl danach aus, daß du dreschen kannst." Der Kleine entgegnete: „So schnell geht es noch nicht, morgen will ich kommen, denn ich muß erst meinen Dreschflegel holen." Aber der Große meinte, daß das nur Ausflüchte wären und der Kleine sich fürchtete, und er sagte darum: „Einen Flegel will ich dir wohl leihen." Doch der Kleine war damit nicht zufrieden: „Ich muß durchaus meinen eigenen haben", sagte er. „So will ich den Knecht danach schicken", sagte der Große. „Dann muß er einen Wagen nehmen, denn tragen kann er ihn nicht." Der Große lachte, schickte aber doch einen Wagen hin. Als der Knecht zurückkam, mußte man ihm abladen helfen, denn der Flegel war ganz aus Eisen. „Frau", sagte der Kleine nun zu der Bäuerin, „die Teller, Pfannen und Grapen (– was dreibeinige Kochtöpfe waren –) mußt du herunternehmen." Die Frau aber lachte ihn aus. „So will ich keine Schuld haben, wenn Unglück passiert", sagte er, und nun wurde alles Korn auf die Loh – den Heuboden – geworfen. Da tat der Kleine den ersten Schlag, und die Teller, Pfannen und Grapen stürzten von den Borden und alles, was da war. Der Große war entsetzt, wollte jedoch nicht klein beigeben. So droschen sie um die Wette, Schlag um Schlag, die Loh hinunter und hinauf, bis sie ganz in Grund und Boden geschlagen war. Da strengte sich der Große noch mehr an und schlug rascher zu, und der Kleine folgte immer rascher und schneller, und das trieben sie so lange, bis der Große tot niederstürzte. Danach ist das Bild zum Andenken gemalt worden. ■

Malerei am Scheunentor des Olufhofs bei Katharinenheerd

Der Rote Haubarg bei Witzwort

DER ROTE HAUBARG

An der Landstraße bei Witzwort steht ein großer schöner Hof. Er heißt „Roter Haubarg" und hat neunundneunzig Fenster. Vor Zeiten stand hier ein kleines elendes Haus, in dem ein armer junger Mann wohnte. Dieser war in die Tochter des reichen Schmieds, seines Nachbarn von gegenüber, verliebt. Das Mädchen und dessen Mutter waren ihm auch gewogen, doch der Vater wollte davon nichts wissen, weil der Freier so arm war. In der Verzweiflung verschrieb er seine Seele dem Teufel, wenn dieser ihm in einer Nacht bis zum Hahnenschrei ein großes Haus bauen könnte. In der Nacht kam der Teufel, riß das alte Haus nieder, und blitzschnell erhoben sich die neuen Mauern. Vor Angst konnte der junge Mann es nicht länger auf dem Bauplatz aushalten und lief hinüber zu des Schmieds Haus. Hier weckte er die Frauen, wagte aber nun nicht zu gestehen, was der Grund seiner Angst war. Doch als die Mutter einmal zum Fenster hinaussah, erblickte sie ein großes Haus, dessen Dach eben errichtet ward. Nun mußte er bekennen, daß er aus Liebe zu dem Mädchen seine Seele dem Teufel verschrieben hatte, wenn dieser vor dem ersten Hahnenschrei mit dem Bau fertig werden würde. Schon waren neunundneunzig Fenster eingesetzt und nur noch das hundertste fehlte. Da eilte die Mutter schnell in den Hühnerstall, ergriff den Hahn und schüttelte ihn, so daß er laut krähte. Nun hatte der Teufel sein Spiel verloren und fuhr zum Fenster hinaus. Der Schmied aber gab seine Tochter nun dem jungen Mann, dessen Nachkommen heute noch in dem Haubarg wohnen. Die hundertste Scheibe aber fehlt noch immer, und sooft man sie auch am Tage eingesetzt hat, so wird sie doch des Nachts wieder zerbrochen.

Die Westerhever Kirche wurde 1370 auf einer Warft erbaut. Die mächtigen Stützpfeiler sichern den ältesten, in seiner ursprünglichen Form erhaltenen Kirchturm der insgesamt 18 Eiderstedter Kirchen.

Die St. Leonhard-Kirche in Koldenbüttel wurde im 12. Jh. über einer heidnischen Quelle erbaut

In der St. Magnus-Kirche in Tating, 1103 als erste Kirche Eiderstedts errichtet

DER SCHIMMELREITER VON EIDERSTEDT

Zu Anfang des 18. Jahrhunderts lebte auf Eiderstedt ein Deichgraf, der immer sehr gewissenhaft sein verantwortungsvolles Amt ausübte. Es geschah aber, daß im Februar 1718 nach langem, strengem Frost plötzlich starkes Tauwetter einfiel, zu dem sich ein furchtbarer Nordweststurm gesellte. Ungestüm brandeten die wilden Wasser gegen die Deiche. Zu allem Überfluß schlugen zahlreiche Eisblöcke, auf den Wogen treibend, in heftigem Aufprall gegen das schützende Werk, und die Bewohner sahen angstvoll drohendes Unglück vor Augen. In der Nacht des 25. Februar war der Deichgraf, wie immer auf seinem Schimmel reitend, an einer besonders stark gefährdeten Stelle des Deiches auf dem Posten. Mit klarer Umsicht und ruhiger Tatkraft ordnete und leitete er hier das schwere Kämpfen der Männer aus den umliegenden Kirchspielen. Doch wie schwer und rastlos sie auch arbeiteten, um einen Durchbruch zu verhindern, es wäre auf die Dauer vergebliches Ringen und Mühen gewesen.

Sobald der Deichgraf das erkannte, befahl er, den Deich in einiger Entfernung zu durchstechen, um so den Wassern freiwillig Bahn ins Land zu geben. Er war sich der Tragweite seiner Worte schweren Herzens bewußt, doch er war überzeugt, dadurch größeres Unheil abwenden zu können. Die verständnislose Menge der Umstehenden war starr vor Entsetzen. Da fuhr der Deichgraf sie in wild aufbrausendem Zorn und harter Rede an: „Mein ist die Verantwortung und euer die Pflicht des Gehorsams!" Als bald danach die Fluten der Nordsee brausend und schäumend durch den Deich stürzten und immer weitere Flächen des fruchtbaren Marschlandes bedeckten, da machte der Zorn der sonst so ruhigen Friesen sich in heftigen Verwünschungen gegen den Deichgrafen Luft. Der aber stürzte sich mit seinem Pferd in den Deichbruch hinein. Alsbald schlossen mächtige Eisschollen den Durchstich, der Sturm legte sich und die Wasser wichen langsam wieder zurück. Die Leiche des Deichgrafen und die seines Schimmels hat man nie gefunden, aber manchmal jagt in stürmischen Nächten ein Reiter aus dem Deichbruch hervor und den Deich entlang. Manch einsamer Wanderer, der spät des Weges kam, hat den Wiedergänger gesehen und wußte, daß es der Deichgraf war, der die Menschen vor nahendem Unglück warnen wollte. ■

Im Wattenmeer vor Eiderstedt

DAS BRAVE MÜTTERCHEN

Es war im Winter, und das Eis stand. Da beschlossen die Husumer, ein großes Fest auf dem Eise draußen vor dem Hafen zu feiern. Jung und alt, die ganze Stadt versammelte sich dort, um ein Eisvergnügen zu veranstalten. Es wurden Zelte errichtet, Schlitten gefahren und Schlittschuh gelaufen. Aus den Zelten erscholl Musik, und die Tänzer und Tänzerinnen drehten sich im Kreise. Die Alten saßen an den Tischen und tranken sich eins. So verging der ganze Tag, und der helle Mond ging auf. Nun aber schien der Jubel erst recht anzufangen. Nur ein altes Mütterchen war von allen Leuten allein in der Stadt geblieben. Sie war krank und gebrechlich und konnte ihre Füße nicht mehr gebrauchen. Ihr Häuschen stand aber auf dem Deiche, und so konnte sie von ihrem Bette aus aufs Eis hinaussehen und sich die Freude betrachten. Als nun der Abend heraufzog, gewahrte sie, über das Meer blickend, im Westen ein kleines weißes Wölkchen, das eben am Horizont aufstieg. Da befiel sie eine unendliche Angst, denn sie war in früheren Tagen mit ihrem Manne zur See gewesen und verstand sich wohl auf Wind und Wetter. Sie rechnete nach, daß in einer Stunde die Flut da sein würde, und wenn dann der Sturm losbräche, wären alle verloren.

Da rief und jammerte sie so laut wie sie konnte, aber niemand war in ihrem Hause. Alle Nachbarn waren auf dem Eis, und niemand hörte sie. Immer größer ward unterdes die Wolke und allmählich immer dunkler. In wenigen Minuten würde die Flut da sein und auch ein Sturm losbrechen. Da raffte sie all ihr bißchen Kraft zusammen und kroch auf Händen und Füßen aus dem Bette zum Ofen, in dem sie glücklicherweise noch etwas Glut fand. Sie schleuderte das brennende Scheit in das Stroh ihres Bettes und kroch, so schnell sie konnte, hinaus, sich in Sicherheit zu bringen. Da stand das Häuschen augenblicklich in hellen Flammen. Wie der Feuerschein vom Eise aus gesehen ward, stürzte alles in wilder Hast dem Strande zu, um zu helfen. In dem Augenblick frischte der Wind auf und fegte den Staub auf dem Eise vor ihnen her, der Himmel ward dunkel und bald fing das Eis an zu knarren und zu schwanken. Da wuchs der Wind zum Sturm, und als eben die Letzten den Fuß aufs feste Land setzten, brach die Eisdecke und die Flut wogte an den Strand. So bewahrte die arme Frau alle Husumer vor dem sicheren Tode und opferte ihr Hab und Gut zu deren Rettung.

Der Husumer Markt

Krokusblüte vor dem Husumer Schloß
Das Schloß, 1577-1582 im holländischen Stil durch Herzog Adolf von Schleswig-Holstein-Gottorf erbaut, war Nebenresidenz und Witwensitz

NU QUAM, JEM GLAD NISKEPUKS

In der Hattstedter Marsch, nahe dem Deiche, wohnte ein Bauer, ein Friese, mit Namen Harro Harrsen. Geld war keines im Haus, und um das Wichtigste bezahlen zu können, mußte er jede noch so geringe Ausgabe ersparen. Aber sein altes Haus drohte ihm über dem Kopf zusammenzufallen, ungeachtet allen Stütz- und Flickwerks. Einige gute Freunde gaben ihm endlich Geld zum Bau, aber nicht genug, um ganz neu zu bauen. Harro Harrsen mußte sich helfen. Alle nur einigermaßen brauchbaren Holzstücke sammelte er aus dem alten Hause und brachte sie in dem neuen an. Da fand er unter diesen alten Teilen einen guten Ständer aus Eichenholz, in dem oben ein Loch war. Hier hatte früher ein Strebebalken gelegen. Harro Harrsen war ein schlauer Kopf, er wußte zu allen Dingen Rat. Er dachte gleich wie er die Vertiefung sah, daß sie gut zu einer Wohnung für einen kleinen nützlichen Nispuk, einen Kobold, taugte. Er nagelte also, nachdem das Haus fertig war, ein Brett so groß wie eine Mannshand darunter, daß es wie ein Bord war. Nun stellte er eine Schale mit Grütze darauf, mit reichlich Butter darin, und rief nun freundlich auf friesisch: „Nu quam, jem glad Niskepuks!", d. h. nun kommt, liebe Nispuks. Die ließen nicht lange auf sich warten. Bald kamen sie, um sich das neue Haus zu besehen, tanzten hindurch, und einer, der nur drei Zoll hoch war, blieb zurück und wählte sich die Ständerhöhle zur Wohnung. Sowie Harro Harrsen die Anwesenheit des kleinen Gastes bemerkte, sorgte er dafür, daß immer Grütze in der Schale war und steckte ein noch größeres Stück Butter hinein. Das tat er alle Tage. Von der Zeit an waren jedesmal, wenn er morgens in den Stall kam, die Pferde gestriegelt, die Kühe geglättet, die Krippen gereinigt, die Ställe ausgefegt und das Stroh zum Ausdreschen hingelegt. Das Vieh gedieh von Tag zu Tag besser, die Kühe gaben reichlicher Milch und die Schafe warfen regelmäßig drei oder vier Lämmer. So wurde Harro Harrsen ein wohlhabender Mann und hieß in der ganzen Gemeinde nur „der reiche Bauer". Deswegen pflegte er seinen kleinen Einlieger immer besser. Sein Knecht Hans war nicht weniger gut Freund mit diesem Kobold. Ging er spät abends „zu Türen" aus, was man anderswo „Fensterln" nennt, so wachte Nispuk über die Stalltür. Öffnete sie ein anderer, erhielt der einen Schlag mit dem Knüppel ins Gesicht, aber vor Hans öffnete und schloß sie sich von selbst. Hans fand auch fast jedesmal morgens seine Früharbeiten getan, wenn er nach Hause kam oder wenn er einmal die Zeit verschlief. Zuletzt verheiratete er sich mit Botel Oxen. Der neue Knecht, der an seine Stelle trat, stand sich aber nicht so gut mit dem Kleinen; er wollte es anfangs nicht glauben, was man von ihm erzählte, nachher neckte er ihn oft. Als Harro Harrsen starb und seine Söhne sich in anderen Kirchspielen angesiedelt hatten, soll Nispuk zu Hans gezogen sein. Der wurde mit seiner Küsterei und Krugwirtschaft in Schobüll ein wohlhabender Mann. Thede Boje Thießen aber, der andere Knecht, brachte es in seinem ganzen Leben nicht weiter als bis zu einem Porenfänger – einem Krabbenfänger – und kam zuletzt auf die Armenkasse.

Friesenhaus auf Amrum

Hexen als Sturzwellen

Drei Männer von einer nordfriesischen Insel, Kapitän und Steuermänner, fuhren auf demselben Schiff zur See. In ihrer Abwesenheit ergaben sich ihre Frauen der Hexerei. Weil sie mißtrauisch gegen ihre Männer waren, folgten sie ihnen in allerlei Gestalt überall hin und entdeckten bald deren Untreue. Voll Zorn beschlossen sie, bei nächster Gelegenheit das Schiff zu versenken, und der Tag wurde bestimmt, an dem dies geschehen sollte. Sie hatten aber den Plan eines Abends auf dem Schiff verabredet, als sie glaubten, daß alle an Land gegangen waren. Doch der Schiffsjunge, der allein an Bord geblieben war, hatte alles mit angehört. Eine der Hexen äußerte noch die Sorge, daß sie selbst dabei zu Schaden kommen könnten, eine andere aber antwortete: „Nur wenn ein Unschuldiger mit reinen Waffen uns abwehrt, haben wir etwas zu befürchten." Der Schiffsjunge wußte sich eine neue Waffe zu verschaffen.

Bald darauf verließ das Schiff den fremden Hafen. Als das Wetter eines Nachts stürmisch wurde, ging er mit dem Degen unter dem Arm immer an der Luvseite des Schiffes auf und nieder und wartete. Bald rasten drei turmhohe, schneeweiße Sturzwellen donnernd auf das Schiff zu. Es wäre gewiß verloren gewesen, wenn nicht der Junge ihnen den Degen entgegengehalten hätte. Augenblicklich stürzten sie in sich zusammen, und an der Stelle, wo die Spitze des Degens sie berührte, färbten sie sich mit Blut. Als das Schiff nun glücklich in Hamburg ankam, erfuhren der Kapitän und die beiden Steuermänner, daß ihre Frauen plötzlich alle drei krank geworden waren. Als sie sich näher erkundigten, fanden sie heraus, daß dieses in derselben Nacht geschehen war, als die drei Sturzwellen auf das Schiff hereingebrochen waren. Nun erst glaubten sie den Worten des Schiffsjungen. Weil sie aber sahen, daß ihre Frauen der Hexerei mächtig waren, beschlossen sie, ihr Leben in Zukunft zu ändern, wenn sie sich nicht neuen Gefahren aussetzen wollten. ■

Donnernde Brandung
Die Urgewalten des Meeres faszinieren und ängstigen den Menschen schon seit alten Zeiten

Püttenwarft auf der Insel Nordstrand
Die Warften, die Erdhügel, auf denen die Häuser stehen, geben bei Deichbruch Schutz vor der tosenden Flut - dem „Blanken Hans"

RUNGHOLT

Nahe der nordfriesischen Hallig Südfall lag einst eine reiche Stadt, die ward Rungholt genannt. Ihre Bewohner waren ebenso wohlhabend wie überheblich. Wenn sie auf ihren hohen Deichen standen und auf die Nordsee blickten, so sprachen sie: „Trotz nu, blanke Hans!" Ihr Reichtum verleitete sie zu allerlei Übermut, und Gotteslästerung war an der Tagesordnung. Am Weihnachtsabend des Jahres 1300 machten in einem Wirtshaus mehrere Bauern eine Sau betrunken, setzten ihr eine Schlafmütze auf und legten sie ins Bett. Darauf ließen sie den Priester holen, der ihrem Kranken das Abendmahl reichen sollte. Sie verschworen sich dabei, den Gottesmann in einen Graben zu stoßen, wenn er nicht ihren Willen erfüllen würde. Als der Priester sich weigerte, das heilige Sakrament so zu mißbrauchen, da erinnerten die Bauern sich ihres Schwures. Als der Prediger merkte, daß man ihm an den Kragen wollte, machte er sich eilig davon. Als er durch die Gassen eilte, stellten sich ihm zwei andere Halunken in den Weg, die den Vorfall im Wirtshaus belauscht hatten. Die drohten ihm Prügel an, wenn er nicht wieder mit hineinkäme. Da er sich weigerte, zogen sie ihn mit Gewalt in die Wirtsstube und fragten scheinheilig, wo er denn gewesen wäre und warum er es so eilig hätte. Als der Priester ihnen sein Leid mit den Bauern klagte, fragten sie ihn, ob er das heilige Sakrament bei sich hätte. Die beiden forderten ihn auf, ihnen dieses zu zeigen. Hierauf gab der gutgläubige Mann den beiden den Behälter mit dem Sakrament. Diese gossen nun Bier hinein und riefen: „ Wenn Gott darin wohnt, so muß er auch mit uns saufen". Mühsam konnte der Priester den gotteslästerlichen Männern die Büchse abringen und machte sich eiligst auf den Weg zur Kirche, wo er Gott anrief, diese gottlosen Leute zu strafen. In der folgenden Nacht erhielt der Priester ein Zeichen Gottes, sich aus der Stadt zu entfernen, da das große Strafgericht unmittelbar bevorstand. Da machte sich der Gottesmann sofort auf den Weg. Kurz nachdem er die letzten Häuser Rungholts hinter sich gelassen hatte, erhob sich ein mächtiger Sturm und riesige Wogen brandeten gegen die Deiche. Diesem Inferno hielten Rungholts Deiche nicht lange stand und bald zerbarsten sie. Eine gewaltige Flut ergoß sich über das Land und verschlang Rungholt samt sieben weiteren Dörfern. Nur der Prediger und drei Mägde, die den Abend zuvor von Rungholt nach Bupslut zur Kirchmeß gegangen waren, entkamen der Flut. Später fand man eine Tür der Rungholter Kirche, die heute die Uelvesbüller Kirche ziert. Es gibt eine alte Prophezeiung, daß Rungholt sich vor dem jüngsten Tag wieder in alter Pracht aus dem Meer erheben werde. Die Fischer erzählen sich, daß man Rungholt mit allen seinen Türmen und Häusern bei klarem Wetter am Grunde des Meeres sehen kann. Manche wollen sogar den Klang ihrer Kirchenglocken vernommen haben. ■

Buhnenreste in der Brandung

DAS LICHT DER TREUEN SCHWESTER

An dem Ufer einer Hallig wohnte, einsam in einer Hütte, eine Jungfrau. Vater und Mutter waren gestorben und der Bruder fern auf See. Mit Sehnsucht im Herzen gedachte sie der Toten und des Abwesenden und harrte seiner Wiederkehr. Als der Bruder Abschied nahm, hatte sie ihm versprochen, allnächtlich ihre Lampe ins Fenster zu setzen, damit das Licht weithin über die See leuchtete, wenn er heimkehre. Das Licht solle ihm sagen, daß seine Schwester Elke noch lebe und seiner warte. Was sie versprochen, das hielt sie. An jedem Abend stellte sie die Lampe ans Fenster und schaute Tag und Nacht auf die See hinaus, ob nicht der Bruder käme. Es vergingen Monate, es vergingen Jahre, doch der Bruder kam nicht. Elke wurde zur Greisin. Und immer noch saß sie am Fenster, schaute hinaus und stellte an jedem Abend die Lampe ins Fenster und wartete. Endlich war es einmal bei ihr dunkel und das gewohnte Licht erloschen. Da riefen die Nachbarn einander zu: „Der Bruder ist gekommen", und eilten ins Haus der Schwester. Da saß sie tot und starr ans Fenster gelehnt, als wenn sie noch hinausblickte, und neben ihr stand die erloschene Lampe. ■

Freiheit und Sehnsucht
Lautlos gleitet das Boot über ein Meer aus Silber in einen grenzenlosen Horizont, hinter dem das Abenteuer lockt

DER BAU DER LAURENTII-KIRCHE AUF DER INSEL FÖHR

Vor vielen, vielen Jahren gab es gewaltig große Menschen, Hünen oder Riesen genannt. Als auf Föhr die Laurentii-Kirche gebaut werden sollte, konnten sich die Bewohner der Insel lange nicht über den Bauplatz einigen. Endlich beschlossen sie, daß der Kirchweg von allen Dörfern aus gleich lang sein solle. Man suchte also einen Platz zwischen Süderende und Klein-Dunsum und fing an, dort die Kirche zu errichten. Doch was die Bauleute bei Tag aufstellten, das rissen zwei Riesen in der Nacht wieder ab. Sie holten sich die mächtigen Feldsteine aus denen man die Kirche bauen wollte, und trugen sie mit Leichtigkeit auf ihren Armen in die Heide südlich von Süderende hinaus. Hier bauten sie nach ihrem Plan die Kirche auf, indem sie bequem zu beiden Seiten des Kirchenschiffes knieten. Als der Bau fast vollendet war und nur noch die letzten Ziegel auf dem Dach fehlten, gerieten die Hünen miteinander in Streit. Anfangs war die Sache recht harmlos, da sie sich über die Kirche hinweg nur bei den Haaren zausten. Als sie aber aufsprangen und einander packten, da hätten sie beim Ringen fast den ganzen Bau wieder umgestoßen. Zum Glück aber dauerte der Kampf nicht lange, denn beide brachten einander tödliche Wunden bei. In zwei großen Wällen östlich der Kirche, die man Riesenbetten nennt, sollen sie begraben sein. Die Kirche, an der die Riesen gebaut hatten, konnte man jetzt mit Leichtigkeit fertigstellen. Als man nun die Entfernung nach den einzelnen Ortschaften ausmaß, da erkannte man, daß die beiden Riesen den besten Platz gewählt hatten. Vom ersten Bauplatz wäre der Weg nach Hedehusum und Utersum doch zu weit gewesen.

Vor der St. Laurentii-Kirche stehen schöne alte Grabsteine der Föhrer Seefahrer, wie der des Kapitäns Matthias Petersen (links)

HEXEN IM WIRBELSTURM

Es begab sich an einem heißen Sommertage, da setzte sich ein Mann aus Nieblum auf Föhr, der mit Grasmähen beschäftigt war, zum Essen nieder, um in Ruhe ein Stück Brot zu verzehren. Da kam eine große Wasserhose von der See in gerader Richtung auf ihn losgerast. Weil der Mann wohl wußte, daß solche von Hexen herrühren, warf er beherzt sein Brotmesser hinein, um die Hexe zu verwunden. Da wurde er im Nu vom Wirbelwind erfaßt und durch die Luft getragen. Als er endlich wohlbehalten wieder den Boden berührte, befand er sich auf einer kleinen Insel am Ende der Welt. Er sah seinen elendsten Tod vor Augen, denn die Insel war gänzlich wüst und unbewohnt. Zudem umgab sie ein stürmisches Meer, so daß keine Rettung und keine Flucht möglich erschien. In seiner Angst und Not schrie er um Hilfe und bat die Hexe um Verzeihung. Da ward ein Stuhl niedergelassen, an dem ein Strick mit drei Knoten befestigt war. Er setzte sich darauf, und es kam eine Stimme aus der Luft, die ihm zurief, wenn er wieder nach Hause wolle, so solle er einen Knoten öffnen. Ginge dann die Fahrt nicht schnell genug, so könne er auch den zweiten lösen, vor dem dritten aber solle er sich hüten. Sogleich erhob er sich samt dem Stuhl in die Luft, und die Reise begann, als er den ersten Knoten löste. Bald machte er auch den zweiten los und fuhr nun so geschwind wie eine Kanonenkugel dahin. Schon lag Föhr wieder vor seinen Augen, aber er konnte der Versuchung nicht wiederstehen, auch den dritten Knoten zu öffnen. Nun ging es mit ungeheurer Schnelligkeit voran, und hätte er nicht den Kirchturm von St. Johannis getroffen, so wäre er über die Insel hinweggeflogen. Unglücklicherweise stieß der Mann dabei mit dem Turmhahn zusammen und verlor so beide Beine.

Eine Wasserhose ist ein kleiner Tornado über dem Meer. In früheren Zeiten galt dieses Wetterphänomen als Unheilsbote oder Teufelswerk.

Die Überfahrt der Zwerge nach Amrum

Einst gab es auf der Insel Föhr einen Fährmann, der mit seinem alten Boot die Überfahrt nach Amrum besorgte und in Utersum ein halbverfallenes Haus besaß. In einer stürmischen Nacht wurde er durch starkes Klopfen aus dem Schlafe geweckt. Als er in die Dunkelheit hinaustrat, konnte er nichts sehen, aber eine dünne Stimme fragte ihn, ob er einige Fahrgäste nach Amrum übersetzen wolle. „Bei diesem Wetter nicht!", erwiderte der Fährmann. Jedoch die Stimme rief wieder: „Fahrt nur zu, es soll Euer Schaden nicht sein, und mit uns sinkt das Boot nicht!" Nach langem Überlegen entschloß sich der Schiffer, die Fahrt zu wagen, und ging zu dem Anlegeplatz, wo er sein Boot angebunden hatte. Schon ehe er dort ankam, hörte er ein gedämpftes Stimmengewirr und dazwischen lautes Poltern im Boote. Als er näher gekommen war, fand er es voll von kleinen Odderbaanki, wie auf den Inseln die Zwerge genannt werden. Es waren so viele von den kleinen Wichten im Boot, daß er selbst kaum noch Platz finden konnte. Glücklich brachte er die erste Ladung nach Amrum, kehrte zurück und setzte dann noch viele Male mit den kleinen Gästen über. Sobald sie die Insel Amrum erreicht hatten, verließen immer alle ohne ein Wörtchen des Dankes schleunigst das Boot. Auch die letzten, die er übersetzte, verschwanden so. Mißmutig über diesen Undank, kehrte der Schiffer heim. Doch als er zur Tür hineingehen wollte, stieß sein Fuß gegen einen harten Gegenstand. Er bückte sich und fand, daß es ein Hut war, mit lauter Goldstücken gefüllt. Die hatten die Zwerge als Lohn für die Überfahrt dort heimlich hineingelegt. Der Schiffer war nun reich genug für sein Lebtag und konnte ein sorgenfreies Leben führen. ■

Windmühle von 1771 in Nebel

Amrumer Leuchtturm

Friesenhaus von 1868 in Nebel

HARK OLUFS

Hark Olufs, ein gebürtiger Amrumer, war auf dem Mittelmeer von Seeräubern gefangengenommen und in Algier verkauft worden. So kam er als Sklave in die Dienste des Bey Assin von Constantinopel. Dem diente er treulich zwölf Jahre, wurde sein Schatzmeister und schlug als General den Bey von Tunis in einer großen Schlacht. Da erhielt er endlich Erlaubnis, in seine Heimat zurückzukehren und lebte nun den Rest seiner Lebenszeit auf Amrum von seinen Schätzen, die er aus der Türkei mitgebracht hatte. Nach seinem Tode aber hatte er im Grabe keine Ruhe, er wanderte im Sterbekleide auf Hochstian, einer Anhöhe zwischen dem Kirchdorf Nebel und dem Süddorf, umher. Lange wagte es keiner, den Geist zu fragen, was ihm fehle. Endlich faßte einer Mut und sprach den ruhelosen Geist an. Da gab dieser zur Antwort, er habe in seinen letzten Lebensjahren die meisten seiner Schätze, die er aus dem Türkenlande mitgebracht hatte, unter der Türschwelle seines Hauses zu Süddorf begraben. Das ganze Tun vollbrachte er heimlich, ohne seinen Erben davon etwas zu sagen. Das ließe ihm jetzt keine Ruhe. Als man darauf unter der Türschwelle nachgrub, fand man einen großen Topf, der war ganz mit Gold gefüllt. Der Schatz wurde gehoben und alles unter den Erben verteilt. Von da an hatte der Geist Ruhe, und man hat ihn nicht wieder gesehen.

St. Clemens-Kirche und Friesenhaus im Uasterstigh in Nebel. Nebel ist friesisch und entstammt der Bezeichnung „Neues Bol“, für „Neue Gemeinde“.

Auf dem Kniepsand bei Süddorf auf Amrum
Etwas abseits der Strandübergänge finden sich viele versteckt in den Vordünen stehende Strandkörbe für Individualisten

Neugierige Lachmöwe am Strand bei Norddorf auf Amrum
Ob es hier wohl einen Leckerbissen gibt? Doch aufgepasst! Die Konkurrenz wirft bereits ihre Schatten über das Geschehen…

DIE ROTE JACKE

Einst war es Mode geworden, daß alle Männer auf den nordfriesischen Inseln an Sonn- und Festtagen rote Jacken trugen. Nur der Sylter Paul Modders hatte keine solche Jacke. Er war ein Schalk, der gerne seinen Mitmenschen Streiche spielte, doch nun wurde er selber wegen der fehlenden Jacke geneckt, und man fragte ihn, warum er denn keine rote Jacke habe. „Ich will keine haben", antwortete er. „Ach hört", hieß es dann, „Paul Modders will keine rote Jacke haben, weil er keine bekommen kann!" Die Sache ärgerte den Schalk. Weil er nämlich nicht richtig arbeiten wollte, hatte er nie Geld in der Hand oder in der Tasche. Er war und blieb ein armer Schlucker, der keine rote Jacke bezahlen konnte. Man hatte ihm also nur die Wahrheit gesagt. Es war aber das erste Mal in seinem Leben, daß er sich recht betroffen und beschämt fühlte, daher beschloß er, sein Glück woanders zu suchen.

Er reiste jedoch nicht südwärts wie die übrigen Sylter, wenn sie solches im Sinn hatten, sondern nordwärts und kam so auf die dänische Insel Römö. Hier fand er indes leider dieselbe Mode, derentwegen er von Sylt geflohen war. Überdies sah er dort das ganze Inselvölkchen in großer Aufregung. Die Römöer stritten sich nämlich, so erzählt es die Sage, über ihre Kirche. Doch ging es nicht etwa über einen Neubau oder eine Reparatur, sondern über eine Versetzung derselben um einige Ellen nach Süden. Das ganze Römöer Volk war versammelt, damit ein jeder seine Meinung und seine Vorschläge in dieser Sache aussprechen könnte. Allein je mehr Leute zusammenkamen und je mehr Meinungen geäußert wurden, desto weniger konnte man sich einig werden. Da trat gerade zur rechten Zeit, als der Streit am hitzigsten war und in eine Prügelei ausarten wollte, ein Fremdling in einer blauen Jacke auf. Es war Paul Modders von Sylt, der unmöglich länger schweigen konnte. Er sprach: „Ihr wollt eure Kirche südwärts rücken. Wohlan, tretet alle an die Nordseite, stoßt und drückt mit ganzer Kraft gegen die Kirche, so muß sie, die von wenigen Menschen gebaut ist, der vereinigten Macht so vieler weichen! Damit wir aber merken, wann die Kirche auf den gewünschten Platz gekommen ist, lege einer von euch seine rote Jacke an die Südseite der Kirche, zwei Ellen von der Mauer entfernt. Wenn die Jacke nicht mehr zu sehen ist, wird die Kirche stehen, wo sie stehen soll".

Dieser Rat fand bei dem Römöer Volk ungeteilten Beifall, besonders deshalb, weil er von einem Fremdling kam und weil die Römöer soeben die Erfahrung gemacht hatten, daß sie sich nicht selber zu helfen vermochten. Die ganze Inselbevölkerung lief nun zur Nordseite der Kirche, schob und stieß unter vergießen vielen Schweißes mit unerhörter Kraftanstrengung gegen die Kirche. Der kluge Ratgeber Paul Modders ging ab und zu nach der Südseite, um nachzusehen, ob die hingelegte rote Jacke noch sichtbar wäre. Nach einigen Stunden, in denen sich die Römöer Kopf und Rücken, Hände und Füße wundgestoßen hatten, kehrte Paul Modders wieder zu ihnen zurück. Er erklärte, daß die Jacke nicht mehr sichtbar sei und die Kirche stehe, wo sie stehen solle. Da stürmten alle, der schweren Arbeit müde, nach der südlichen Seite der Kirche. Die Jacke war wirklich nicht mehr zu sehen. Also stand die Kirche, wo sie stehen sollte. Paul Modders hatte jedoch den Römöern zu viel Dummheit zugetraut. Als er dann frech genug war, am folgenden Sonntag die gestohlene Jacke anzuziehen, sagten alle: „Er hat uns betrogen!" Und der Schalk mußte die Jacke schnell wieder ausziehen und nach seiner Heimatinsel Sylt entfliehen.

Abendlicht streift den Dünenkamm und zaubert geisterhafte Schattenbilder

DER DIKJENDÄLMANN

In der Gegend des alten Eidum strandete nahe dem Dikjendäl, einem Dünental, in einer furchtbaren Sturmnacht ein Schiffer aus Archsum. Mit großer Gefahr rettete er sich und seinen Geldkasten auf den heimatlichen Strand und hoffte, einen menschenfreundlichen Landsmann zu finden, der sich seiner annehmen würde. Doch einige raubgierige Strandläufer hatten seine Ankunft bemerkt und seinen Geldkasten entdeckt. Anstatt sich des Schiffbrüchigen anzunehmen, fielen sie über ihn her, schlugen ihn mit ihren Knüppeln zu Boden und verscharrten ihn im Sand. Da richtete sich der Totgeglaubte noch einmal wieder auf, worauf die Unmenschen den Kopf des Unglücklichen mit Gewalt in den weichen Sand drückten, daß dieser jämmerlich erstikken mußte. Zu allem Überfluß schlugen sie ihm noch die rechte Hand ab, bevor sie den Geldkasten davonschleppten. Seit der Zeit wandert der Schiffer in jenem Dünental, wo der Mord geschah, ruhelos als ein Gespenst umher und heißt der „Dikjendälmann“. Gleich als wolle er Gerechtigkeit fordern, richtet er den Armstumpf drohend empor, und jedermann geht ihm gern aus dem Wege. ■

Große Wanderdüne im Listland
Unaufhaltsam walzen die Sandmassen vom Wind getrieben nach Osten und begraben die Heide unter sich

DAS BRÖDIHOOGGESPENST

Einst lebte auf der Insel Sylt ein reicher Mann. Er hatte viele Jahre als Seeräuber sein Unwesen getrieben und große Schätze gesammelt. Mit dem erbeuteten Geld kehrte er heim in sein Heimatdorf Kampen und war fortan mißtrauisch gegen jeden. Er versuchte, seine Schätze vor den Augen seiner Mitmenschen zu verbergen, denn sie waren ja nicht rechtmäßig erworben worden und deren Entdeckung hätte ihm zum Verhängnis werden können.
Eines Tages ging er über die Heide zwischen Kampen und Braderup. Als er auf einen Hügel stieg, stieß er mit dem Fuß zufällig gegen einen großen, flachen Stein. Als dieser zur Seite rollte, tat sich eine große Höhle auf, in die der alte Seeräuber hineinkroch. Es war ein geräumiges Gewölbe, in dem er einen irdenen Topf mit Asche, halbverbrannte Knochen und einen zweischneidigen Dolch vorfand. Er beschloß sogleich, diese alte Totenstatt zum Versteck seiner geraubten Schätze zu machen. In einer finsteren Nacht führte er sein Vorhaben aus, verschloß die Öffnung wieder mit dem Stein und machte sich schleunigst fort. Doch die Sorge um sein Geld ließ ihm keine Ruhe finden. Jede Nacht schlich er nun heimlich zu seiner Schatzkammer und saß hier stundenlang auf seinen Geldkisten, zählte seinen Reichtum und freute sich desselben. Am Tage war er bei seiner Frau und seinen beiden Söhnen und ruhte sich aus.
Die Leute glaubten schon damals, daß es an dem Hügel nicht geheuer sei. Nächtliche Wanderer wollten dort Geräusche gehört oder eine dunkle Gestalt gesehen haben. In stürmischen Nächten schlich der Habsüchtige zum nahen Strand. Mit einer großen Laterne versuchte er, vorbeifahrende Schiffe in die Irre und auf den Strand zu locken. Hatte er Erfolg, plünderte er die erschöpften Schiffbrüchigen aus und ermordete sie. Anschließend verscharrte er die Toten in den Dünen. Als seine beiden Söhne heranwuchsen, wußte er nichts Besseres für ihre Erziehung zu tun, als sie zur Höhle zu führen. Dort zeigte er ihnen seine Schätze und lehrte sie, deren Besitz und Vermehrung durch Strandräuberei als das wahre Glück des Lebens zu schätzen. Bald begannen seine Söhne an dem nächtlichen Brüten auf den Goldeiern, wie der Vater es nannte, Vergnügen zu finden und gingen bisweilen auch ohne den Vater an den geheimen Ort.
So war es auch in einer dunklen Gewitternacht, in der die beiden wieder über die Schätze wachten. Das Gewitter hatte furchtbar getobt, und die Morgendämmerung brach bereits heran. Als die Söhne immer noch nicht zurückkehrten, konnte der Vater seine Sorge nicht länger zügeln und eilte zu dem Hügel. Als er dort ankam, packte ihn das blanke Entsetzen – die Kammer war durch die Regenfluten eingestürzt und hatte seine Söhne lebendig begraben. So sehr er sich auch mühte, er konnte sie nicht mehr ausgraben.
In seiner Verzweiflung über das, was er seinen Kindern angetan hatte, und über den Verlust seiner Schätze, verlor der Habgierige den Verstand und setzte seinem verfehlten Leben durch Selbstmord ein Ende. Doch auch im Grab fand er keine Ruhe, und es zieht ihn jede Nacht zum Hügel, unter dem seine Kinder und seine Schätze verschüttet worden waren. Man sah ihn noch oft als Nebelgebilde oder bleichen Greis dahinschweben, und ein leises Seufzen oder Stöhnen klang schaurig über die Dünen. So brütet der Geist wohl auch heute noch über seinen Schätzen, und der Hügel heißt seitdem der „Brödihoog“ oder „Brütehügel“. ■

Sylter Ansichten
Quermarkenfeuer in den Kampener Dünen

Buhne in der Brandung bei Kampen

Idylle in Keitum

Keitumer St. Severin-Kirche

Regenbogen über dem Leuchtturm Rotes Kliff bei Kampen

DIE TREUE OSE

Ein Bauer in Wenningstedt auf Sylt hatte in einem Jahr eine gute Heuernte eingebracht und gab nach altem Brauch allen, die ihm geholfen hatten, einen Ernteschmaus. Während der Mahlzeit entstand ein heftiger Streit unter den Gästen. Der Bauer wurde wütend über diese Störung seines Hausfriedens und mischte sich ein. Dabei schlug er einen der Streitenden so hart, daß dieser tot niederfiel. Als sein Jähzorn verraucht war, floh er erschrocken aus seinem Hause, und man suchte ihn an den folgenden Tagen überall vergebens. Die Leute glaubten, er sei von der Insel entflohen und damit dem Gericht entkommen. Seine Frau Ose mußte nun anstatt seiner die gewöhnliche Mannbuße wegen des Totschlags bezahlen und darum einen großen Teil des Landes verkaufen, das bisher zum Hofe gehört hatte. In der Folgezeit ernährte sie sich und ihre kleinen Kinder mühselig durch ihrer Hände Arbeit.

Jahre vergingen unterdes, ohne daß man von dem unglücklichen Totschläger etwas hörte. Fast schienen sein Name und seine Tat vergessen zu sein, als das Gerücht entstand, die fromme, bisher unbescholtene Ose sei schwanger. Die Leute zerbrachen sich die Köpfe darüber, wer wohl der Freier der unglücklichen Frau sein mochte. Die Neugierigsten gönnten sich eher keine Ruhe, als bis sie der Sache auf den Grund kamen. Da fand es sich denn, daß der Mörder gar nicht von der Insel weggewesen war, sondern sich seit jenem verhängnisvollen Erntefest in einer Höhle der Wenningstedter Dünen verborgen gehalten hatte und von seiner treuen Frau zehn Jahre mit dem Lebenswichtigsten versorgt worden war. Nach dieser langjährigen Buße wurde der Wiedergefundene freudig von allen aufgenommen. Zum Andenken aber an die Treue der Frau und ihre aufopfernde Liebe für Mann und Kinder heißt das Dünental bis auf den heutigen Tag das Osetal.

DER MEERMANN EKKE NEKKEPENN

Es war einst ein Schiff, das segelte nach England. Unterwegs kam ein so starker Sturm auf, daß die Seeleute ängstlich wurden und dachten, sie sollten zugrunde gehen. In der Nacht ließ sich plötzlich das Steuerruder nicht mehr drehen. Als die Seeleute über Bord sahen, erblickten sie, daß ein großer Mann seinen Kopf aus dem Wasser, dicht bei dem Ruder, streckte. Sie fragten ihn, was er wolle: „Ich will den Schiffer sprechen", antwortete er. Die Schiffsleute riefen den Capitain. Der Capitain kam, sah auch über Bord und fragte den Mann: „Wer bist du? Was willst du?" „Ich bin der Meermann, mein Weib Ran soll ins Wochenbett und verlangt, daß dein Weib kommt, um ihr zu helfen bei der Geburt." „Meine Frau schläft, sie kann nicht kommen", antwortete der Schiffer. „Sie muß kommen!", rief der Meermann, „sonst macht meine Alte noch mehr Spektakel, noch ärgeren Sturm und Seegang, und ihr geht allesamt zugrunde." „Ich will gleich kommen", rief des Capitains Frau, die alles gehört hatte. „Man muß niemanden in Not lassen, dem man helfen kann". So sprang sie über Bord zu dem Meermann und ging mit ihm hinab zum Meeresgrunde.

Im Nu war der Sturm vorbei und die See lag ruhig und still. Unterdessen hatte der Schiffer große Sorge um seine Frau, doch es währte nicht lange, da hörte er einen lieblichen Gesang. „Heia, heia, hei", klang ein altfriesischer Wiegengesang aus der Tiefe herauf, und die Wellen gingen so eben auf dem Wasser, als wenn die ganze See wie eine Wiege geschaukelt würde. „Aha!", dachte er, „das Kind ist schon geboren, so ist es gutgegangen". Es dauerte keine Stunde, da kam die Frau des Schiffers wieder unbeschadet aus der See zurück an Bord und war kaum einmal naß geworden. Ihre Schürze hatte sie voll von Gold und Silber und hatte viel zu erzählen. Das Meerweib hatte ein Kleines gehabt, so ein Wesen, das wir auf Sylt ein Seekalb nennen. Die Meerfrau aber meinte, es wäre schön wie ein Engel. Der Meermann war darauf so glücklich geworden, daß er der Frau des Schiffers eine große Menge Gold und Silber verehrt hatte, soviel wie sie tragen konnte. Der Schiffer hatte nun guten Wind, brach seine Reise ab und segelte wieder heim mit seinem Weibe und dem gewonnenen Geld nach Sylt. Jedoch, wenn er später wieder ausfuhr auf See, dann ließ er nun sein Weib zu Hause bleiben in Rantum, wo sie wohnten.

Viele Jahre später, als das Meerweib alt und faltig wurde, dachte der Meermann noch oft an des Schiffers schöne und mitleidige Frau. So beschloß er, sein altes Heim zu verlassen und den Schiffer mit einem Sturm zu überfallen, um ihn zu ersäufen. Dann gedachte er die schöne Witwe zu freien. Doch es fiel ihm nicht ein, daß die Frau des Schiffers inzwischen auch alt geworden war. Als er eines Tages das Rantumer Schiff wieder über See kommen sah, da dachte er, es sei nun seine Zeit. Er sagte zu seinem Weibe: „Ich will hin, um Heringe zu fischen, du mußt Salz mahlen zu der Heringslauge, bis ich wiederkomme". Denn er wußte, dann machte sie einen greulichen Lärm in ihrem Haus beim Meeresgrunde. Als der Sylter Schiffer in ihre Nähe kam, so war dort ein solcher Mahlstrom im Wasser, daß er mitsamt seinem Schiffe, mit Mann und Maus, versank.

Unterdessen schwamm der Meermann nach Sylt und ging bei Hörnum an Land. Er spazierte längs am Strande und dachte an das Weib des Schiffers. Gegen Abend kam ihm beim Küssethal ein Mädchen entgegen. Er meinte, es wäre die Frau des Schiffers, aber es war dessen Tochter, die ihrer Mutter sehr ähnlich war. Der Meermann hatte sich ganz und gar verwandelt und war angetakelt wie ein Sylter Seefahrer. Ganz charmant begann er sofort, um das Mädchen zu freien. Sie wurde verlegen und bange vor ihm, aber er setzte ihr einen goldenen Ring auf jeden Finger, band ihr eine goldene

Haus Kliffende am Sylter Strand bei Kampen

Kette um den Hals und sagte: „Nun habe ich dich gebunden, nun bist du meine Braut". Sie weinte und bat ihn, er solle sie gehen lassen, aber gab ihm doch nicht seine goldenen Ringe und seine Kette zurück. Er sprach zu ihr: „Ich mag dich - muß dich haben! Magst du mich? - Sollst mich kriegen. Willst du nicht - kriegst mich doch. Mittwoch - haben wir Gelag. Doch kannst sagen - wie ich heiß'. Dann bist du frei - meiner los." Darauf ließ er die Jungfrau gehen. Sie gelobte ihm, sie wolle ihm den folgenden Abend Bescheid geben und dachte bei sich, sie bekäme wohl irgendwo zu wissen, wie der Freier hieße. Doch überall, wo sie fragte, kannte man ihn nicht. So ging sie den folgenden Abend wieder am Strande entlang und weinte. Sie ging in Gedanken immer weiter und weiter, bis sie zu Thorsecke bei Hörnum kam. Da kam es ihr vor, als wenn sie in dem Dünenberge jemanden singen hörte. Sie blieb stehen und horchte. Da hörte sie deutlich ihres Freiers Stimme. Er sang: „Heute soll ich brauen, morgen soll ich backen. Übermorgen will ich Hochzeit machen. Ich heiße Ekke Nekkepenn. Meine Braut ist Inge von Rantum, und das weiß niemand als ich allein." Als sie das hörte, da wurde sie froh. Sie kehrte sogleich zurück zum Küssethal und erwartete ihren Freier dort. Es währte nicht lange, da kam er auch. Sie rief ihm zu: „Du heißt Ekke Nekkepenn, und ich bleib Inge zu Rantum", und lief schnell nach Hause, samt ihrer goldenen Kette und den Ringen. So war der Meermann genarrt und seit der Zeit böse auf alle Rantumer. Er machte ihnen Schabernack und Unglück, wo er nur konnte. Er überfiel ihre Schiffe und Seeleute mit Sturm und jagte sie in den Grund zu seinem alten Weibe, die sie in ihren Netzen fing. In seinem Zorn zerstörte er zuletzt der Rantumer Land und Häuser ganz durch Sand und Flut.

Das mittlere Schleswig-Holstein und seine Geest

Im Gegensatz zur Saale-Eiszeit, die vor 150.000 Jahren ihren Höhepunkt hatte und deren Eismassen das heutige Schleswig-Holstein völlig bedeckten, reichten die Gletscher der Weichsel-Eiszeit vor ca. 25.000 Jahren nur bis zur Linie Flensburg-Schleswig-Rendsburg-Neumünster. Die Ablagerungen (Moränen) dieser Gletscher bilden heute das Ostholsteinische Hügelland. Aus den Gletscherzungen strömten gewaltige Schmelzwasserströme nach Westen und lagerten im Vorfeld der Eismassen mächtige Schichten aus Sand und Kies ab, die den Boden der Niederen Geest bereiteten. Das Wort Geest stammt vom friesischen „güst" und bedeutet „karg" oder „unfruchtbar". So zählen die Sandböden der Geest zu den nährstoffärmsten des Landes. An einigen Stellen, wie z.B. bei Süderlügum, wurden feine Sandpartikel vom Wind zu Binnendünen aufgetürmt. Die Niedere Geest durchzieht das Land Schleswig-Holstein in seiner Mitte von Nord nach Süd und trennt das Hügelland im Osten von den flachen Marschen der Nordsee und den Hügeln der Hohen Geest. Die Hohe Geest im Westen besteht aus Moränenschutt der älteren Saale-Eiszeit und wurde vielerorts von den gewaltigen Schmelzwasserströmen der jüngsten Eiszeit durchbrochen, wodurch die Geesthöhen teilweise inselartig aus den breiten Flußniederungen der Eider, der Treene und der Alten Sorge aufragen. Diese Geestinseln werden als Horste oder Holme bezeichnet. Das beste Beispiel ist der Stapelholm mit seinen alten Bauerndörfern. Zwischen den Höhenrücken erstrecken sich in den Niederungen weite Moore, wie das Wilde Moor bei Schwabstedt oder das Königsmoor unweit Fockbek.

Südlich der Region teilt der Nord-Ostsee-Kanal das Land ungefähr auf der Linie, auf der einst die Grenze zwischen den Herzogtümern Schleswig und Holstein verlief. Bevor die Eider in weiten Schwüngen durch die schöne Flußlandschaft vor dem Stapelholm fließt, nutzt der Nord-Ostsee-Kanal im Raum Rendsburg den Flußlauf für einige Kilometer als natürliches Bett. Nahe der Kreisstadt Rendsburg führt die berühmte Eisenbahn-Hochbrücke über den Kanal. In den Jahren 1914 -1919 erbaut, ist das 2,5 km lange und 42 m hohe Bauwerk ein Denkmal der Technik des frühen 20. Jh. Ein Kuriosum ist die Tatsache, daß der Konstrukteur der Brücke am Tage der Einweihung Selbstmord beging, aus Angst, sein Werk könne einstürzen. Doch auch nach über 90 Jahren trägt das Bauwerk ohne Ermüdung seine Last.

Auf halbem Wege zwischen Rendsburg und Itzehoe breitet sich der waldreiche Naturpark Aukrug auf einer Fläche von 380 km^2 aus. Er ist der zweitgrößte Naturpark Schleswig-Holsteins und wurde 1971 gegründet, nachdem sich die hier liegenden Dörfer zur Großgemeinde Aukrug zusammenschlossen. Der Name entstand aus dem plattdeutschen „in den Aukrögen", was „in den Windungen der Auen" bedeutet. Der Naturpark wird auch heute noch von vielen Bächen geprägt, die durch grüne Wiesenauen plätschern. Auch nutzten viele Mühlen einst das Wasser. So ist in Bünzen eine sehr schöne mittelalterliche Wassermühle erhalten. Überragt wird der Naturpark von der weithin höchsten Erhebung, dem 68 m hohen Boxberg, von dessen „Gipfel" der Blick weit über das Land schweift.

Östlich des Naturparks Aukrug gelangt man rasch nach Neumünster, deren Name auf ein Kloster, das „neue Münster", zurückgeht. In früheren Zeiten war die heute mit 80.000 Einwohnern viertgrößte Stadt Schleswig-Holsteins ein bedeutendes Zentrum der Tuchmacher und Leineweber. Nach massiven Zerstörungen am Ende des 2. Weltkrieges erinnern heute nur wenige historische Bauten an die alten Zeiten. Ein modernes, lebendiges Zentrum mit vielfältigen Einkaufsmöglichkeiten zeichnet das heutige Neumünster aus. Lohnenswert ist ein Besuch des Textilmuseums mit allem Wissenswertem über die Weberei.

Wildes Moor bei Schwabstedt
Südlich der sandigen Geest erstrecken sich in den Flußlandschaften der Eider, der Treene und der Alten Sorge weite Moorflächen

RINGKJÖPING

Am Wege von Viöl nach Bargum in Nordfriesland sieht man auf der Heide Hügel von Flugsand. Da stand in alten Zeiten, als das Land noch zu Dänemark gehörte, eine Stadt, die bei den Handelsleuten Ringkjöping hieß, weil wegen der Armut der Einwohner der Verkauf dort so gering war. Im Westen war die Gegend mit Flugsand bedeckt, der mit jedem Jahre der Stadt näher rückte und sie zu verschütten drohte. Da erhielten die Einwohner Kunde von einer Grasart – dem Strandhafer – in einem fernen Lande, die im Sande wuchert und ihn zum Stehen bringt. Sie sandten die Männer aus in jenes Land, um Samen zu holen. Jedoch bevor die Männer wiederkamen, erreichte der Sand die Stadt und bedeckte sie. So mußten alle Einwohner auswandern. Es haben später Leute nach der Stadt gegraben und Dachziegel des verschütteten Ortes gefunden. Doch die Reise der Ringkjöpinger Männer war nicht vollends vergebens, denn seit jener Zeit hilft das von ihnen mitgebrachte Gras, die großen Dünen zu festigen. ■

Binnendünen bei Süderlügum
Noch im Mittelalter drohten die wandernden Sandmassen den Ort zu begraben. Heute sind sie ein wertvolles Biotop.

Typische Knicklandschaft auf der Geest
Letzte Schneereste leuchten im noch wintergrauen Land. In wenigen Wochen werden die Hecken im Weiß der blühenden Schlehen erstrahlen.

RIESENSTEINE

In der Landschaft um Bredstedt wohnten in alten Zeiten zwei Riesen, ein friesischer in Drelsdorf und ein dänischer in Viöl. Jeder rühmte sich oft gegen den anderen seiner Stärke, und beide lebten in fortwährendem Streit. Zuletzt, um diesem ein Ende zu machen und die Sache zu entscheiden, verabredeten sie sich, daß jeder einen Wurf nach des anderen Kirchturm tun sollte. Der Drelsdorfer Riese nahm einen großen Stein und schleuderte ihn mit aller Macht gegen den Viöler Kirchturm, so daß diesem seit der Zeit die Spitze fehlt. Darüber ergrimmte nun der Viöler Riese noch mehr und nahm einen noch weit größeren Stein, um den Drelsdorfer Kirchturm zu zerschmettern. In seinem Eifer aber zielte er nicht gut und warf vorbei. Heute noch liegt der große Felsblock im Moor, eine gute Strecke hinter Drelsdorf. Aber viel hätte doch nicht gefehlt, so wäre der Drelsdorfer Turm verloren gewesen, denn der Stein ist so nahe daran vorbeigeflogen, daß er bis auf den heutigen Tag ein bißchen schief steht. Zwischen Drelsdorf und Bredstedt liegen zwei Hünengräber, das eine ist ungewöhnlich lang, denn da soll ein Riese begraben sein. Manch einer meint, dort wäre der Drelsdorfer Riese begraben. ■

Die spätromanische Backsteinkirche in Viöl mit ihrem gedrungenen, gotischen Westturm stammt aus dem frühen 13. Jh.

Die romanische Feldsteinkirche in Süderstapel stammt aus dem frühen 13. Jh. Der Rundturm diente einst als Wehrturm und ist für diesen Landesteil eine Seltenheit. In Süder- und Norderstapel sind auch viele alte Bauernhöfe erhalten geblieben, wie z.B. der Hof Olsen in Süderstapel, der besichtigt werden kann.

Bergenhusen ist eines der Dörfer auf dem Stapelholm und berühmt für seine Storchenkolonie

In Bergenhusen findet man zahlreiche, schöne Bauernhöfe mit ihren für diese Landschaft typischen Formen

DER VERSÖHNTE NISPUK AUF STAPELHOLM

Die Püken, das sind kleine, scheue Kobolde, die in den verborgenen Winkeln eines Hauses oder im Stall leben. Im allgemeinen wohnt zur Zeit immer nur einer in einem Haus. Dieser wird dann Nispuk genannt. Wer es gut mit ihm meint, der stellt dem Kobold täglich eine Schüssel mit süßer Grütze, Butter oder Milch hin, so ist er stets hilfreich im Hause. Doch wehe, er ist gegen die Bewohner des Hauses aufgebracht. So wurde in einem Dorf Stapelholms ein Bauernhof zum Kauf feilgeboten, weil sich seine Bewohner mit dem Nispuk nicht mehr vertrugen. Schon früh am Morgen, noch ehe der Tag graute, brachte der Puk den ganzen Hühnerstall so in Aufruhr, daß niemand im Haus mehr schlafen konnte. Oft zupfte er die Leute an der Nase oder kniff sie in die Zehen. Das Vieh im Stall machte er wild, daß es nachts mit den Ketten laut lärmte. Das und noch allerlei anderer Schabernack, den der Zwerg anstellte, war nicht dazu angetan, die Laune der Hausbewohner zu bessern. Darum bot der Bauer sein Haus zum Kauf an.

Auf dem Hof gegenüber wohnte ein wohlhabendes Ehepaar, das über einen möglichen Kauf des Nachbarhofes sprach. Die Frau meinte: „Das Haus wird nicht viel kosten, und es wäre gut, wenn du es für unseren Ältesten kaufen wolltest.“ „Das werde ich wohlweislich bleiben lassen“, erwiderte der Mann; „daß wir uns all die Plage auf den Hals hetzen! Das ganze Dorf weiß doch, warum das Haus verkauft wird. Tagsüber Arbeit in Fülle und des Nachts keine Ruhe.“ „Vater“, sagte die Frau, „ du weißt doch, wie ruhig es bei dem früheren Besitzer war. Jeden Abend wurde dem Puk ein Schüsselchen mit süßer Grütze auf den Heuboden gestellt, und niemand durfte ihm etwas zuleide tun. Da war überall Wohlstand und Segen im Hause. Nachher aber zogen diese Leute ein, die kein Verständis für den Puk hatten, und seitdem hat das arme Wesen keine Ruhe mehr. Allenthalben machen sie Jagd auf ihn, und die Grütze geben sie ihm auch nicht mehr. Ist es da ein Wunder, wenn er den Leuten auch manches antut, was ihnen nicht behagt!“ Der Mann überlegte sich die Sache noch einmal, besprach sich wieder mit seiner Frau, und schließlich kaufte er das Haus für einen Spottpreis. Es hatte sich kein anderer Käufer gemeldet, der es haben wollte, und der Besitzer wollte es um jeden Preis loshaben. Der neue Eigentümer bezog das Haus mit seiner Frau selbst; der Sohn aber sollte den väterlichen Hof übernehmen.

Die Frau ließ nun das Haus zunächst reinigen und in den acht Tagen, ehe sie es bezogen, jeden Abend eine süße Grütze mit Butter hinübertragen. Die stellten sie, wie es der frühere Besitzer stets gemacht hatte, auf den Heuboden. Die ersten drei Abende wurde nichts angerührt, an den folgenden aber war immer alles leer gegessen. Am neunten Abend war ein Paar weiche Pantoffeln, die sie für den Nispuk hingelegt hatten, verschwunden. Nun glaubten sie sicher zu sein, das Wohlwollen des kleinen Wesens gewonnen zu haben. So bezogen sie daher am nächsten Tag das Haus und hatten sich nicht getäuscht, denn es gab nie Anlaß, sich über irgend eine Bosheit des kleinen Kobolds ärgern zu müssen. Viele Leute behaupten sogar, an Winterabenden den Puk mitten unter der Familie, meistens in der kleinen Ecke hinter dem Ofen, gesehen zu haben. Doch verschwand er beim Anblick fremder Gesichter sofort. Im Hause ging weiterhin alles gut, und die Familie lebte in ungestörter Ruhe. ■

Bauernhaus in Seeth im Lande Stapelholm

DER STEIN BEI SEETH

In Seeth im Land Stapelholm wohnten einmal zwei Brüder. Der eine war reich, der andere arm. Der Reiche war kinderlos, aber der Arme war gesegnet mit sieben Kindern, für die er oft nicht wußte, wo er das Brot hernehmen sollte. Eines Tages kam die Mutter mit ihnen vor des reichen Bruders Tür und bat um Brot. Aber seine Frau, die gerade allein zu Hause war, war ein hartherziges Weib, schnauzte sie an und sprach: „Was ziehst du herum wie eine Sau mit ihren Ferkeln? Schäme dich, du bekommst von mir nichts!“ Verzweifelt ging die Mutter mit ihrem Häuflein davon. Als abends nun der reiche Mann nach Hause kam und sich ein Stück Brot abschneiden wollte, da quoll Blut unter dem Messer hervor, und das Brot war zu Stein geworden. Entsetzt sprach er zu seiner Frau: „Dieses Zeichen bedeutet etwas; es ist heute Böses in unserem Hause geschehen“. „Davon weiß ich nichts“, antwortete die Frau, „nur die Schwägerin war hier mit ihren sieben Bälgern, die habe ich abgewiesen.“ „Da mußt du doch Sünde mit getan haben“, sagte der Mann und eilte nach dem Hause seines Bruders. Er fand unten niemanden, wie er aber auf den Boden kam, da hingen da unter dem Dache sieben Leichen, die Mutter und sechs von den Kindern. Nur der Älteste war entflohen und so dem entgangen, was die Mutter den anderen Kindern angetan. Man konnte ihnen kein ehrliches Begräbnis geben, da sie auf diese Weise zu Tode gekommen waren. So grub man eben alle sieben Leichen draußen vor dem Dorf an der Landstraße ein, legte aber zum ewigen Gedächtnis einen Stein darauf. Dieser Stein soll auch heute noch zu sehen sein, aber seine Inschrift schon ganz verwittert. Eine ähnliche Geschichte wie diese ist auch in anderen Regionen überliefert.

Fische in Not – dem Ertrinken nahe...

DIE FOCKBEKER

Ein Fockbeker hatte sich einmal in Rendsburg für ein paar Schillinge gesalzene Heringe gekauft und seine Nachbarn darauf zu Gast geladen. Die Gäste fanden das Essen vortrefflich und wünschten sich viele solcher Fische. Der Klügste unter ihnen gab darauf den Rat, einen ganzen Korb voll aus der Stadt zu holen und sie in den Teich des Dorfes zu setzen. Dort würden sie sich vermehren, und alle hätten dann davon reichlich. Gleich wurde der Plan in die Tat umgesetzt, ein großer Korb gesalzener Heringe besorgt und in den Teich geschüttet.

Ging nun während des Jahres ein Fockbeker am Teich vorbei und es regte sich etwas im Wasser, lief er zu den anderen und erzählte es ihnen, und alle waren des künftigen Gewinnes froh. Im folgenden Herbst wurde ein großes Netz angeschafft, um die Heringe abzufischen. Aber der Klügste fand für geraten, den ganzen Teich ablaufen zu lassen, denn so bräuchte man die Fische nur noch einzusammeln. Als alles Wasser schon fort war, standen alle um den Teich herum und guckten nach den Heringen, aber nicht ein einziger war zu sehen. Nur ein ziemlich dicker Aal wälzte sich im Schlamm. Er ward erhascht, und alle waren darüber einig, daß nur der Aal ihnen die Heringe könne aufgefressen haben. Dafür müsse er nun gehörig bestraft werden. „Laat uns em slachten un upeten“, sagte einer. „Dat weer em jüs recht“, meinte ein anderer. Weil er sich einmal verbrannt hatte, schlug er vor, ihn ins Feuer zu werfen. „Brennen is slimm“, sagte ein Dritter, der einmal ins Wasser gefallen war und bald ertrunken wäre, „aber laat uns em lever in die Au smiten un em versupen, dat is mien Menung.“ Alle stimmten ihm bei, daß Ertrinken der schrecklichste Tod sein müsse, und man ward einig, den Aal in die Aue zu werfen. Der Bauernvogt, Amtsvorsteher der bäuerlichen Selbstverwaltung, tat ihn in einen Korb, und alle folgten ihm. Nachdem er ihn ins Wasser geworfen hatte und der Aal sich krümmte und fröhlich rechts und links machte, rief jener aus, der den Rat gegeben hatte: „Seet!, wat he sik quält!“, und alle Fockbeker gingen ganz glücklich über die ausgeführte Rache nach Hause. Das war nur eine von vielen Heldentaten der Fockbeker ! ■

Aufziehendes Gewitter über der Geest

MUTTER POTSAKSCH

Bei Hollingstedt an der Treene gab es vor nicht langer Zeit eine alte Frau, die man Mutter Potsaksch nannte. Sie trug niemals Schuhe und ging immer barfuß oder in Socken. Hexen und Wettermachen waren ihre Künste, und ihre Tochter hatte sie in allen diesen Dingen unterrichtet. Einem reichen Bauern gab sie ihre Tochter zum Kindermädchen. Einmal, als der Bauer und die Bäuerin ausgegangen waren, saßen die Knechte und Mägde in der Stube und hatten sich allerlei zu erzählen. Da kam die Kindsmagd, die das Kind wiegen sollte, herein und setzte sich zu ihnen. Die alte Magd sagte ihr aber, sie solle wieder hinausgehen, um das Kind zu wiegen. „Ei, was", antwortete das Mädchen, „die Wiege geht schon von selbst." Da riefen alle, daß sie das einmal sehen möchten. „Dann könnt ihr noch ganz andere Dinge zu sehen bekommen", sagte das Mädchen und ließ die Wiege zur Stube herein- und hinauswiegen. „Und das ist noch gar nichts", fuhr die Kindsmagd fort; „wenn ihr wollt, so will ich euch eine von den Kühen tot melken, die da auf der Koppel stehen." Alle wünschten es zu sehen. Da nahm sie ein Messer, steckte es in einen Ständer und verlangte, daß man ihr ein Wahrzeichen gäbe, welche Kuh es sein solle. Man zeigte ihr eine bunte Kuh. Nun fing sie an, auf dem Heft des Messers zu melken, und die Kuh stand, als wenn sie im Stall gemolken würde. Als das Mädchen aufhörte, fiel die Kuh tot nieder. „Da habt ihr's", sagte sie, „nun will ich euch noch mehr zeigen, was ich kann. Ich will ‚Juchhe!' rufen, und ein dreimastiges Schiff soll auf der Mistpfütze schwimmen." Alle meinten, daß es unmöglich sei; als sie aber nur einmal juchte, sahen alle das Schiff. Darauf juchte sie zum zweiten Mal, und eine große Musikbande war auf dem Schiff und spielte lustige Stücke. Unterdes kamen Bauer und Bäuerin wieder nach Hause, und die Knechte und Mägde erzählten, was geschehen war. Da ließen sie die alte Potsaksch holen und verlangten von ihr, daß sie ihre Tochter wegnehmen und die Kuh wieder lebendig machen solle. „Nichts leichter als das", rief die Alte, steckte drei Gabeln mit den Stielen in die Erde, daß die Zinken in die Höhe standen, stellte sich darüber, und alsbald stand die Kuh auf und graste wie vorher.

Diese Geschichte wurde ruchbar und der Obrigkeit angezeigt. Nun sollte die alte Hexe verbrannt werden. Auf der Koppel, wo die Kuh totgemolken wurde, schichtete man drei Faden – was ein altes deutsches Maß für Brennholz war – mit viel Stroh auf. Darin ließ man einen Raum, so groß wie eine kleine Stube. Als die alte Hexe dahingeführt wurde, war eine unzählige Menge Volk zugegen. Als der Zug an des Bauernvogts Haus vorbeikam, bat Mutter Potsaksch die Frau des Bauernvogts, die in der Tür stand, um einen Tropfen Milch. Die stieß sie aber fort und sagte, sie solle ja doch gleich brennen, sie brauche keine Milch. Da sagte die alte Potsaksch: „Das hat mir schon heute nacht geträumt." Man brachte sie nun in die kleine Stube und zündete das Feuer an. Als es niedergebrannt war und man in der Asche nach den Knochen suchte, da kam Mutter Potsaksch über die Koppel dahergegangen und sagte: „Was habt ihr nur getan! Ihr habt des Bauernvogts Frau verbrannt !" Alle erschraken und des Bauernvogts Frau war nirgends zu finden und niemand wagte sich mehr an die alte Hexe.

Der Amtmann wußte nicht, was er aus der Sache machen sollte, und berichtete darüber dem König. Da bot der König viel Geld dem, der die Hexe umbrächte. Aber keiner wollte sich daranmachen. Endlich fing ein Schmiedegeselle damit an, daß er der Alten viele schöne Worte und Schmeicheleien sagte. Er machte sie damit zuletzt ganz verliebt, und sie wollte ihn heiraten. Der Hochzeitstag kam, und sie sollten zur Kirche. Auf dem Wege dahin mußten sie im Boot über ein breites Wasser. Da hatte der Schmiedegeselle überall Netze aufstellen lassen, und Fischer lauerten hinter den Büschen am Ufer. Als sie nun im Kahn saßen, sagte er zu ihr, „Potsaksch, kannst du die Kirche schon sehen?" „Nein", sagte sie, „da muß ich mich erst umdrehen." Als sie sich nun umwandte, stieß er sie ins Wasser und rief den Fischern zu, daß sie die Netze zuzögen. So mußte die Alte jämmerlich ertrinken.

Im Treenetal

DER ARME UND DER REICHE BAUER

Im Meggerkoog bei Rendsburg lebte ein armer Bauer, der eine große Familie hatte und weiter nichts besaß als ein Stück Moorland, einen alten Gaul und einen schlechten Karren. Eines Abends, nachdem er den Tag über seinen Arbeitslohn verdient hatte, wollte er noch den Mondschein nutzen, um aus seinem Moor einen Karren Torf zu holen. Am nächsten Tag war in Rendsburg Markttag, und da wollte er ihn zum Verkauf bringen, denn Torf stand gerade gut im Preis. Die Wege aber waren tief, und nur mit Mühe arbeitete er sich mit seinem Wagen durch. Endlich kam er an Ort und Stelle und hatte auch nach einiger Zeit ein kleines Fuder aufgeladen. Als er sich aber mit seinem Fuhrwerk auf den Weg nach Hause machte, ward das Fahren auf dem durchweichten Boden immer schwieriger, und Pferd und Wagen sanken so tief ein, daß sie nicht mehr von der Stelle kamen. Der arme Bauer arbeitete, weinte und betete umsonst.
Er mußte alles stehenlassen und den weiten Weg zurückgehen, um bei seinem reichen Nachbarn, wo er den Tag über gearbeitet hatte, Hilfe zu suchen. Er weckte ihn, klagte ihm seine Not und bat, ihm einen Knecht und zwei seiner starken Pferde mitzugeben, sonst sei das seine verloren. Dieser aber, im Ärger darüber, daß er aus dem Schlaf geweckt worden war, antwortete dem Armen, das sei seine eigene Schuld. Was habe er denn auch bei Nacht im Moor zu tun. Er wolle seine guten Pferde nicht für dessen Kracke preisgeben. „Warum büst du so unklook! Maak, dat du wegkümmst un laat mi up en andermal slaapen", sagte er und schlug das Fenster zu. Der arme Bauer lief in seiner Verzweiflung den Weg zurück, in der sicheren Erwartung, sein kleines Fuhrwerk jetzt ganz versunken vorzufinden. Er betete in seiner Herzensangst, daß der liebe Gott doch nur diesen kleinen Augenblick an ihn denken möge. Als er sich aber nun der Stelle seines Unglücks näherte, nahm er mit Verwunderung schon aus der Ferne wahr, was für ein seltsames Gewimmel an dem Platze sei, als ob gegraben und Erde ausgeworfen würde. Als er nun dort ankam, fand er sein altes, mageres Pferd schon auf ebenem Boden stehen. Die Unterirdischen hatten sein Jammern gehört und gruben nach dem Pferd nun auch seinen Karren aus. Das alles ging mit einer Behändigkeit, daß dem armen Bauern darüber Hören und Sehen verging. Als er ihnen aber danken wollte, waren sie plötzlich auf und davon.
Am anderen Morgen kam singend des reichen Bauern Knecht dahergefahren. Sofort nachdem er das Gespann in einen Moorweg, der seinem Herrn gehörte, einlenkte, da sanken auf einmal Pferde und Wagen so tief in den Grund, daß der Knecht sich nur mit Not retten konnte. Flugs eilte er zu seines Herrn Hof, um Hilfe zu holen. Als er aber zurückkam, da war von allem keine Spur mehr als das Loch, worin Pferde und Wagen versunken waren. Unterdes war die Grube voll Wasser gelaufen und im Anblick wie ein kleiner Moorsee. Dieses Loch hatten die Unterirdischen gegraben und dünne Reiser und Erdschichten darüber gelegt, um den unbarmherzigen Bauern zu bestrafen. Dieser versuchte später, das Loch zuzuschütten, was ihm jedoch nicht gelang. Jetzt ist die Stelle, die seither nach ihm den Namen trägt, so groß, daß sie Wellen schlägt. Die Bauern pflegen sich beim Torfgraben diese Geschichte gerne zu erzählen. ■

Windmühle Gisela im Meggerkoog
Einst schlugen hier die Wellen des Meggersees. Holländische Siedler legten ihn trocken und gewannen neues Land; den heutigen Meggerkoog.

Die Alte Sorge bei Fünfmühlen im Meggerkoog
Dunkle Wolken eilen über das weite Flußtal und bilden einen starken Kontrast zum leuchtend gelben Schilf

DER TEUFEL UND DIE KARTENSPIELER

In Stellau bei Kellinghusen lebten einst drei Brüder in einem Hause. Sie hatten weder Eltern noch Großeltern, nicht Frau, nicht Kind, keine Magd oder Knecht bei sich. So ackerten, melkten, kochten sie und taten alles ohne fremde Hilfe. Es war an einem Weihnachtsabend, da saßen sie so beieinander; sie hatten nicht viel zu sprechen und kamen auf den Einfall, sich durch ein Kartenspiel die Zeit zu vertreiben. Ein alter Knecht aus der Nähe, einer ihrer wenigen Freunde, kam zu ihnen, und sie fingen an. Gewinn und Verlust machte die vier bald immer hitziger. Sie vergaßen den Weihnachtsabend und spielten die Nacht hindurch, dann den ersten Weihnachtstag, die folgende Nacht, dann auch den zweiten Weihnachtstag. Die Augen fielen ihnen schon vor Müdigkeit zu, aber an ein Aufhören war nicht zu denken. Am Abend des dritten Tages bekamen sie unversehens einen fünften Mitspieler, ohne daß sie wußten, wie. Nun begann das Spiel erst recht zu rasen, der Einsatz ward verdoppelt, verdreifacht, Hab und Gut standen darauf, und so ging's wieder bis an den lichten Morgen. Da verlor einer der Brüder seine Karte, nahm das Licht und suchte unter dem Tische. Aber entsetzt fuhr er zurück und schrie: „Hilf, Himmel, der leibhaftige Satan!" Da verschwand der fünfte Mitspieler, der an seinem Pferdefuß erkannt ward, mit einem entsetzlichen Geräusch und ließ einen Gestank zurück, der noch lange nachher nicht aus dem Hause weichen wollte. Die vier Spieler aber gaben alles wieder zurück, was sie aneinander verloren hatten, und vergruben das Geld des Teufels. Seit dem Tage haben sie keine Karte mehr angerührt. Die Geschichte wäre nie ruchbar geworden, wenn nicht der alte Knecht sie verraten hätte. ■

Schloß Breitenburg bei Itzehoe, seit 1526 Sitz der Familie Rantzau

DIE AHNFRAU VON RANTZAU

Einst wurde die von einem dänischen Geschlecht abstammende, neuvermählte Gräfin, welche an ihres Gemahles Seite ruhte, durch ein Rauschen aus dem Schlaf gerissen. Die Bettvorhänge hoben sich, und vor ihr stand ein wunderschönes Zwergenfräulein. Es war nur ellenbogengroß und hatte ein Licht in der Hand. Das Fräulein sprach: „Fürchte dich nicht, ich tue dir kein Leid an, sondern bringe dir Glück, wenn du mir zu Hilfe bist. Steh auf und folge mir, wohin ich dich leiten werde. Hüte dich jedoch, etwas zu essen von dem, was dir geboten wird und nehme auch kein anderes Geschenk an. Nur das, was ich dir reichen will, das kannst du sicher behalten." Hierauf ging die Gräfin mit dem Fräulein hinaus in den Wald. Nach einer Weile standen sie vor einem Hügel. Der öffnete sich, und der Weg führte sie unter die Erde. Sie kamen in ein Gemach, das flimmerte von Gold und Edelstein und war mit lauter kleinen Männern und Weibern erfüllt. Nicht lange, so erschien der König der Zwerge und führte die Gräfin an ein Bett, wo die Zwergen-Königin in Geburtsschmerzen lag. Er bat sie, ihr bei der Geburt beizustehen. Die Gräfin half gewissenhaft, und die Königin wurde glücklich eines Söhnleins entbunden. Da war große Freude unter dem kleinen Volk, und sie führten die Gräfin zu einem Tisch voll der köstlichsten Speisen und drangen sie, zu essen. Doch wie ihr geheißen, so rührte sie nichts an. Ebensowenig nahm sie von den Edelsteinen, die in goldnen Schalen standen. Nun wurde sie von dem Zwergenfräulein wieder fortgeführt und in ihr Bett zurückgebracht. Da sprach das Fräulein: „Du hast unserem Reich einen großen Dienst erwiesen, der soll dir gelohnt werden. Hier hast du drei hölzernen Stäbe, die leg unter dein Kopfkissen, und morgen werden sie in Gold verwandelt sein. Aus dem ersten lasse einen Hering machen, aus

Die 1230 erbaute Kirche im nahen Stellau befindet sich seit 1593 im Patronat der Rantzaus

dem zweiten Rechenpfennige und aus dem dritten eine Spindel. Erzähle jedoch niemandem auf der Welt die Geschichte, außer deinem Gemahl. Ihr werdet zusammen drei Kinder zeugen, welche die drei Zweige eures Hauses sein werden. Wer den Hering bekommt, wird viel Kriegsglück haben, auch seine Nachkommen. Der Besitzer der Rechenhilfsmittel wird, wie später auch seine Kinder, hohe Staatsämter bekleiden. Wer die Spindel bekommt, wird mit zahlreicher Nachkommenschaft gesegnet sein." Nach diesen Worten entfernte sich die Zwergenfrau, und die Gräfin schlief ein. Als sie aufwachte, erzählte sie ihrem Gemahl die Begebenheit. Der Graf spottete sie zuerst aus, doch als sie unter das Kopfkissen griff, lagen da drei Goldstangen. Beide erstaunten und verfuhren damit genau, wie ihnen geheißen war. Die Weissagung traf gänzlich ein, und die verschiedenen Zweige des Hauses verwahrten sorgfältig diese Schätze. Diejenigen, die sie verloren, erloschen. Die vom Zweig der Pfennige erzählen, daß einmal der König von Dänemark einen der Pfennige verlangt hatte. Im Augenblick, als ihn der König in die Hand nahm, habe der rechtmäßige Träger in seinen Eingeweiden einen heftigen Schmerz verspürt.

PEISSENER GREET

Auf der großen Heide zwischen Itzehoe und Hohenwestede stand einst ein großes Schloß. Es lag nahe dem Dorf Peissen in der Nähe eines einsamen Wirtshauses, das der „Peissener Pohl", sprich Pfuhl, genannt wurde. Hier auf dem Schloß wohnte eine gottlose Herrin, die gefürchtet war in der ganzen Umgegend. Reisende nahm sie erst freundlich auf, führte sie aber bald an eine Falltür. Diese hatte eine Vorrichtung, welche die Reisenden in ein finsteres Verließ hinabstürzen ließ und sie so tötete. Auch an ihrem Gesinde übte sie die größten Grausamkeiten, und ihren Mann hatte sie in ein dunkles Gefängnis einsperren lassen. Sie soll ihn dann mit eigener Hand ermordet haben. Darauf hat sie noch einen falschen Schwur getan, in dem sie ihre Unschuld an seinem Tode beteuerte.

Alsbald aber versank das Schloß. Nach ihrem Tode wurde der Frevlerin zur Strafe auferlegt, die Heideblümchen des ganzen Reviers zu zählen. Wenn sie einmal damit fertig wäre, solle sie erlöst sein. Doch zählte sie nun in einer Nacht ein Stück des Reviers, waren am Morgen neue Blumen hinzugekommen und andere verschwunden. So ging es immerfort, und sie wurde niemals fertig. So irrte ihr Gespenst lange Zeit auf dem hohen Heideviert umher, und man nannte sie die „Peissener Greet". Sie war weit und breit bekannt, da die Landstraße von Rendsburg nach Itzehoe gerade an dem Ort ihrer Strafe vorbeiführte.

Die Peissener Greet hat sich oft den Vorbeireisenden gezeigt und sie erschreckt. Wer sie anrief, dem erschien sie, und manchem Verirrten hat sie bei Nacht und Nebel den richtigen Weg gezeigt. Böse Menschen aber verfolgte sie. Oft hat sie den Pferden in die Zügel gegriffen und den Wagen umgestürzt. Ein Fuhrmann hatte in dem Wirtshaus vor der Heide einmal ein Glas zuviel getrunken und wollte spät abends noch weiter. Man warnte ihn vor der Greet, er aber sagte, sie solle nur kommen, er wolle ihr schon Bescheid tun. Mitten auf der Heide standen seine Pferde plötzlich still und gingen nicht von der Stelle, so sehr er auch drauf einschlug. Als der Fuhrmann fluchte und tobte, stand mit wildem, flatterndem Haar, die Faust drohend geballt, das riesige Gespenst der Greet plötzlich vor ihm. Der Kutscher, außer sich vor Wut, erhob die Peitsche, um auf den Geist einzuschlagen. Da kippte der Wagen um, und der Kutscher stürzte zu Boden. Am anderen Morgen fand man ihn besinnungslos daliegen. Ein anderes Mal kam ein fremder Herr, der sich im Lande auf unehrliche Weise viel Geld und Gut erworben hatte, hier durch. Er wollte mit dem Ergaunerten nun ins Ausland reisen, aber die Fuhrleute weigerten sich, bei Nacht über die Heide zu fahren. Da ging er dreimal, unverständliche Worte murmelnd, um jeden Wagen und sagte darauf, daß sie nun zauberfest wären. Als sie aber an den Kreuzweg kamen, sahen die Fuhrleute eine große Frauengestalt nebenhergehen, die mit dem Zeigefinger auf jede Kiste im Wagen tippte, als wenn sie diese zählte. „Gott sei uns gnädig!", rief der Fuhrmann, bei dem der Herr im Wagen saß. Als dieser des Kutschers Angst sah, machte er drei Kreuze über dessen Augen, worauf der Fuhrmann die Gestalt nicht mehr sah.

Wenn überhaupt einer ungerechtes Gut über die Heide fuhr, so hockte die Peissener Greet sich hinten auf den Wagen, und die stärksten Pferde konnten ihn nicht von der Stelle ziehen. Das machte sie auch, wenn Leute gestohlene oder unrechtmäßig erworbene Sachen trugen. Ein Dieb hatte aus einem Hause im Dorf gestohlenes Gut in einem Sack. Als er nun auf die Heide kam, fand er den Weg nicht mehr. Seine Last wurde immer schwerer und schwerer, und auf keine Weise war es ihm möglich, sie abzulegen, so gerne er ausgeruht hätte. Als er sich umsah, saß die Greet hinten auf dem Sack, und vor Schreck sank er um. Da er am anderen

Morgen erwachte, befand er sich an dem Hause, wo er in der Nacht gestohlen hatte. Er gab dem Eigentümer alles zurück und erzählte, wie ihn die Greet in der Nacht irregeführt hatte. Er bat inständig um Verzeihung und hat seit der Zeil nie wieder etwas gestohlen.

Viele glauben, daß die Peissener Greet nur dem etwas anhaben könne, der in den Bezirk ihres ehemaligen Schlosses käme und sie beim Zählen der Blumen störe. Wer sie einmal über diesen Kreis hinausbrächte, der würde sie erlösen. So habe auch eine alte Prophezeiung gelautet; und ein Prediger hat sie eines Tages wirklich erlöst. Er sollte nämlich einem Sterbenden das Abendmahl reichen und den letzten Trost geben. Da es Nacht war, wollte niemand ihn über den Heidevierte nach dem Dorfe bringen, wo der Kranke lag. Da verlangte er zwei weißgeborene Pferde und wollte selbst hinüberfahren. Es erbot sich noch ein achtzehnjähriger Jüngling, ihn zu begleiten. Als sie an den Kreuzweg kamen, standen die Pferde still und gingen nicht weiter. Der Prediger und der Jüngling sahen sich um. Da stand mitten im Wagen, hoch aufgerichtet, die Greet. Der Prediger sprach seinen Segen und fragte sie, warum sie sich in ihrer Arbeit stören lasse? Sie antwortete nicht, sondern setzte sich so schwer in den Wagen nieder, daß die Achse brach und das Rad abfiel. Da stieg der Prediger vom Wagen und hob mit großer Kraft die Greet herunter. Er befahl ihr, die Achse anzufassen und dem Wagen fortzuhelfen. Sie mußte nun, ohne abzusetzen, mit dem Wagen fort bis an die Grenze des Bezirks. Hier war dieser mit einem Male wieder heil, und die Greet verschwand. Seither soll sie Ruhe haben. Der Pastor war ihr eine zu schwere Aufgabe gewesen, weil er niemals etwas Böses getan, noch je ein Fluch oder falscher Schwur über seine Lippen gekommen war.

Abendhimmel über der Heide

Fischzuchtteiche bei Waldhütten im Naturpark Aukrug
Vielerorts sind die zahlreichen Bäche zu Teichen für die Fischzucht gestaut und prägen neben ausgedehnten Wäldern das Bild der Landschaft

DAS FRÄULEIN IN DER WITTORFER BURG

Wo Schwale und Stör zusammenfließen, nicht weit von Neumünster, gibt es heute ein kleines Gehölz. Früher aber stand hier die Burg des Herrn von Wittorf; ihr Wall ist noch sichtbar. An seiner inneren Seite findet man eine Höhlung, die früher wie eine Laube von Bäumen überschattet war. In dieser Grube ist ein Schatz vergraben, der von einer verwunschenen Prinzessin bewacht wird. Sie kommt nachts zwischen zwölf und eins als eine hohe Gestalt hervor und geht auf dem Burgwall um. Stets hat diese Gestalt einen Bund Schlüssel in der Hand.

Der Schulmeister von Padenstedt wußte um den Schatz und daß er nur zwischen zwölf und eins in der Nacht zu holen sei. Darum ging er vor Mitternacht zur Burg und wartete auf die Erscheinung. Er mußte nicht lange ausharren; Schlag zwölf erschien die Prinzessin. Sie sprach zu ihm: „Wenn du mich erlöst, so kommt das Schloß, das hier früher stand, mit dem Schatz wieder hervor. Du erhältst die Schlüssel, und alles ist dein. Ich kann aber nur erlöst werden, wenn du den Mut hast, erst einen Frosch, dann einen Wolf und dann eine Schlange zu küssen. Wenn dir dann der Schatz erscheint, so nimm ihn ohne ein Wort zu sprechen." Der Schulmeister war dazu bereit. Die Prinzessin verschwand, und sogleich erschien ein großer häßlicher Frosch; das war die Prinzessin selbst, was der Schulmeister aber nicht wußte. Beherzt küßte er den Frosch. Darauf ging ihm der Frosch wieder aus den Augen, und die Prinzessin trat in Gestalt eines grimmigen Wolfes auf ihn zu. Der Schulmeister aber faßte allen Mut und küßte auch den Wolf. Kaum war der Wolf verschwunden, da kam eine Schlange hervor; auch das war wieder die Prinzessin. Die Schlange aber war ein solches Ungeheuer und rappelte und rasselte so schrecklich hin und her, daß dem Schulmeister ganz angst und bange ward und er sich, ohne langes Besinnen, schnell auf die Flucht begab. Später haben noch viele versucht, den Schatz zu heben, ohne die Tiergestalten zu küssen. Es ist aber niemandem gelungen. Ein Weber aus Neumünster hatte ihn einmal schon beinahe gehoben, da vergaß er sich und sprach vor sich hin. Augenblicklich versank der Schatz, und er behielt nur den Griff des Kastens in der Hand. Dieser wurde später in der alten Kirche zu Neumünster angeschlagen, wo ihn noch viele alte Leute gesehen haben. Man hat auch mehrmals versucht, einen Weg über den Burgplatz zur daran grenzenden Wiese zu graben. Man mußte aber bald davon ablassen, denn was man am Tage grub, ward in der Nacht alles wieder in seine frühere Ordnung gebracht.

Zusammenfluß von Schwale und Stör bei Neumünster

Ein Streich des Till Eulenspiegel

Als Till Eulenspiegel aus Hamburg fliehen mußte, wanderte er auf der großen Landstraße nach Norden und kam in die Tuchmacherstadt Neumünster. Er verdingte sich dort am Marktplatz bei einem geizigen Wullenweber, der seinen Gesellen geringe und wenige Kost gab, so daß sie vor Hunger große Augen hatten. Eulenspiegel, der alle Tage lieber mit den Zähnen als mit den Händen fleißig war, beschloß deshalb, bald weiterzuwandern. Ihm juckte jedoch das Fell danach, einem oder mehreren Leuten in dem Städtchen zuvor noch eine große Schalkheit anzutun, denn ohne ein Andenken zu hinterlassen, verließ er nur ungern einen Ort.
Nun mußte der Meister einmal mit seiner Frau eine Reise tun. Als nun die Gesellen den Betrieb für sich hatten, ließen sie von der Arbeit ab und stellten sich, die Hände unter den Schürzen, müßig vor die Tür. Es waren aber ihrer drei: Till Eulenspiegel und zwei andere. Während sie nun gähnten und gafften, sahen sie den Schweinemetzger mit der Bütte auf dem Schubkarren zum Hof des Meisters Klaus fahren, der auch ein Tuchmacher war. Bei dem Gedanken an Schweinespeck lief den Gesellen das Wasser im Munde zusammen, und der Hunger knurrte ihnen nur noch um so hohler und verdrießlicher durch das Gedärm. Da sagte Eulenspiegel zu den zwei anderen: „Ihr sollt heute noch Gepfeffertes und Gesalzenes zu essen haben. Schwört mir deshalb beim Heiligen Vicelin, dem Bischoff von Oldenburg, daß ihr ohne Fragen und Murren tun werdet, was ich euch heiße." Dazu waren die beiden gleich bereit, und Eulenspiegel bedachte sich, wie er sein Wort wahr machen könnte. Als nun das Geschrei des gestochenen Schweins auf dem ganzen Markt widerhallte, fragte Eulenspiegel: „Wer ist der faulste Sänger?" Die Gesellen wußten nicht zu antworten. Eulenspiegel aber antwortete ihnen: „Das Schwein, denn es singt nur dann mit Ausdauer, wenn ihm das Messer an der Kehle sitzt." Nach einer Weile sprach Eulenspiegel weiter: „Was ist der fleißigste Teil am Menschen: Die Arme, die Beine, der Kopf oder der Magen?" Die Gesellen wußten auch hierauf keinen Bescheid zu geben. Es antwortete ihnen deshalb Till Eulenspiegel: „Der Magen, denn er knurrt, wenn er keine Arbeit hat."
Indes fuhr der Metzger mit seinem großen, wannenförmigen Gefäß wieder vom Hof des Meisters Klaus, aber nicht nach Hause, sondern zum andern Ende des Marktes, wo er auch des Meisters Gottlieb Schwein schlachten sollte, denn Weihnachten stand vor der Tür. Als nun wieder eine Weile vergangen war, sahen die Gesellen den Meister Klaus und seinen Anhang aus dem Hause kommen und über den Markt gehen. Klaus war der Vetter des Gottlieb. Ihn mochte die Neugierde treiben, zu sehen, wie das Schwein dort beschaffen war. Da nun Eulenspiegel wußte, daß bei dem Meister Klaus das Haus leer war, sprach er zu den Gesellen: „Geht mit mir hinüber!" Sie standen alle drei auf dem Hof vor dem ausgenommenen Schwein, und Eulenspiegel gebot ihnen: „Nehmt es von der Leiter und tragt es dorthin, wohin ich euch führen werde!" Da bürdeten sich die zwei das Schwein auf, und Eulenspiegel ging voran, stracks in das Haus und in die Schlafkammer des Meisters Klaus. „Legt das Schwein in das Ehebett", sagte er. Auch das taten die Gesellen willig, denn sie waren ihrer schweren Bürde gerne ledig. Als sie aber sahen, daß Eulenspiegel das Schwein zurechtrückte und mit der Bettdecke zudeckte, als wäre es ein Mensch, wurden sie zornig und riefen: „Was machst du für Narrheiten! Du hast Gepfeffertes, Gesalzenes und Geschmalzenes versprochen! Her damit, oder wir werden dir den Buckel besehen!" Da entgegnete Eulenspiegel: „Ei, ihr sollt nicht lange zu warten haben. Kommt nur und setzt euch

hier auf die Diele zum Schmause!" Eulenspiegel deckte bei diesen Worten einen Tisch, holte Teller und Messer aus der Küche und rückte die Bank heran. Die Gesellen setzten sich. Eulenspiegel aber sprang hurtig aus dem Hause und rief ihnen zu: „Geduldet euch, ich hole das Mahl!" Er lief über den Markt und rührte dort, wo der Pfarrer seine Klause hatte, unmäßig den Türklopfer. Der Geistliche kam selbst, um zu sehen, wer seiner begehrte. Als er nun einen armen Tuchmachergesellen erkannte, wurde er zornig und wollte ihn fortweisen. Eulenspiegel aber fuhr ihm in die Rede und sprach: „Des Meisters Klaus Frau liegt in den letzten Zügen. Versagt ihr den letzten Zuspruch nicht. Bedenkt, daß Ihr selbst wohl dabei fahren werdet, denn der Meister hat schon geschlachtet." Da besann sich der Pfarrer und ließ sich von Eulenspiegel das heilige Gewand antun. Auch den Ministranten holte der Schalk eiligst herbei, so daß sich der Pfarrer ob solchen Eifers verwunderte und beim Fortgehen sprach: „Ihr seid ein frommer Gesell. Laßt euch von meiner Magd ein Maß Dünnbier reichen." Der Pfarrer eilte mit gesenktem Blick über die Straße, und der Ministrant läutete fromm das Glöcklein.

Da kamen alle Bürger, die am Markt ihr Haus hatten, vor die Tür und zogen die Mütze. Auch Meister Klaus, der mit allen anderen noch wegen des Vetters Schwein auf des Meisters Gottlieb Hof war, lugte über die Mauer, und sein Weib sprach: „Es gilt des Christophers alte Mutter. Sie hat die Wassersucht, und ihre Seele möchte aus dem kranken Leibe hinausfahren." Wie erstaunte die Meisterin aber nach solchen Worten, als der Pfarrer in ihr eigenes Haus ging, denn es war doch niemand darin, auch kein Kranker. Da liefen beide, der Meister Klaus und sein Weib, heimwärts über den Markt, und die Kinder und der Vetter Gottlieb machten sich auch auf. Indes war der Pfarrer bis in die Diele gekommen, wo die Gesellen vor ihren leeren Tellern saßen und warteten. Der Geistliche sagte zu ihnen, während er die Hände hob: „Führt mich zu dem Bette, meine Freunde!" Da zeigten die Gesellen ängstlich zu der Kammer und wären gern hinweggelaufen, doch die Beine waren ihnen vor Schreck schwer und wie bleiern. Der Pfarrer ging in die Kammer. Als er nun das tote Schwein statt der Meisterin im Bette fand, verfinsterte sich sein Gesicht über und über, und er begann, auf die Unchristlichkeit seiner Gemeinde zu schelten. Da kam der Meister Klaus gelaufen und wollte fragen, weshalb ihm die Ehre geschehe. Der Pfarrer fuhr ihn zornig an, ergriff einen großen Prügel und schlug ihn sehr hart, denn er vermutete in dem unschuldigen Meister den Anstifter des Frevels. Als nun der Pfarrer in großer Wut hinwegging, nahm der Meister den Stock, mit dem er selbst geschlagen worden war, und verhobelte die beiden Tuchmachergesellen so wacker, daß sie wie die Hasen hinwegrannten. „Das ist also das Gepfefferte, Gesalzene und Geschmalzene, was uns Eulenspiegel verhieß", sprachen sie zu sich. „Warum mußten wir uns auch an einen Schalk halten und tun, was er gebot!"

Till Eulenspiegel saß indes an dem Tisch des Pfarrers und ließ es sich schmecken. Er betörte die Magd durch schöne Reden so sehr, daß sie ihm den besten Schinken aus dem Rauch nahm und ihm davon abschnitt. Auch Gepfeffertes und Geschmalzenes brachte sie, soviel er haben mochte. Als sich Eulenspiegel nun gütlich getan, gedachte er bei sich, daß der Pfarrer zurückkommen und ihn übel behandeln würde. Deshalb ging er eiligst hinweg, obgleich es ihm schwerfiel, diese gedeckte Tafel zu verlassen. Er entwich aus dem Lande Holstein und ließ die Tuchmacher in Neumünster fortan in Frieden. ■

Spätsommer auf dem Feld
Stoppelkurz und goldgelb ist die Frisur der Felder, auf denen die Strohballen wie Riesen-Spielsteine auf einem Brett liegen

GOTT UND DER TEUFEL

Einst wanderten Gott und der Teufel gemeinsam durch das Land. Da begegnete ihnen ein Mann, der höflich grüßte. Gott dankte ihm und erwiderte freundlich seinen Gruß. Der Teufel jedoch behielt seine Hände in der Tasche und streckte die Zunge heraus. Da machte Gott dem Satan Vorwürfe wegen seiner Unart und fragte, warum er nicht auch seinen Hut abgenommen habe. Der Teufel antwortete: „Der Mann hat doch nicht mich gegrüßt, sondern Gott. Wenn ich allein durchs Land gehe, nimmt kein Mensch vor mir den Hut ab. Die Leute schimpfen sogar hinter mir her". Da erklärte Gott dem Teufel, das alles käme nur daher, weil er immer so böse sei und nur Böses tue. Er möge doch einmal eine gute Tat verrichten, dann würde es anders werden, meinte Gott, und hielt dem Teufel eine lange Predigt. Als Gott seine Predigt beendet hatte, sagte der Teufel: „Höre, täte ich einmal etwas Gutes, so hättest doch du den Dank dafür, und verübtest du etwas Schlechtes, würde ich die Schuld daran haben." Gott wollte das nicht glauben. Da sagte der Teufel: „Nun, stoße du einmal diese Kuh dort in den Graben, dann wollen wir sehen, was weiter geschieht." Gott warf die Kuh, die grasend am Wege auf einer Wiese stand und einem armen Bauern gehörte, in den Graben, wo diese jämmerlich muhend im Morast steckenblieb. Nach getanem Streich setzten sich beide etwas abseits ins Gras und warteten, daß der Bauer käme und das Unglück bemerken würde. Nicht lange darauf kam der arme Bauer und fand seine Kuh im Graben. „Was für ein Teufel hat mir das angetan?", rief der Bauer zornig. Der Teufel aber fragte Gott: „Wer hat denn nun die Schuld bekommen?", stieg in den Graben und befreite die Kuh. Als der Bauer das sah, rief er: „Gott sei Dank", in seiner Erleichterung. „Hörst du", sagte der Teufel zu Gott, „wer erntet nun den Dank?"

Zu guter Letzt

Nordseebrandung im silbernen Licht eines Spätnachmittags

DIE GESCHICHTE DES PIDDER LÜNG

Einst lebten die Menschen in Hörnum auf der Insel Sylt in großer Armut. Sie hatten kaum ein Dach über dem Kopf und konnten sich nur mit Mühe ernähren. Da die Fischer auch keine eigenen Ausrüstungen hatten, mußten viele für Lohn bei den Helgoländer Fischern arbeiten. Nur Jakob Lüng hatte ein ordentliches Haus und ein zwar altes, aber doch brauchbares größeres Schiff, das er von seinem Vater geerbt hatte. Er besaß auch genug Geld, um im Notfall den übrigen Hörnumer Fischern damit helfen zu können. Still und zurückgezogen lebte er mit seiner Frau in einem Dünental, ging seinen Geschäften als Fischer nach, sprach wenig, und kümmerte sich selten um das Tun und Treiben anderer Menschen. Auch kam er nicht oft in andere Gegenden und Dörfer der Insel. Eines Jahres gebar seine Frau einen kleinen Sohn, den er Peter taufen ließ, der aber von den Hörnumern meist Pidder und später, als er herangewachsen war, wegen seiner Körperlänge oft der „Lange Peter" genannt wurde. So war die Taufe des kleinen Pidders eine der wenigen Amtshandlungen, die Herr Einerlei, der einzige Prediger in Rantum und für die Süddörfer, ausübte. Sonst gab es für ihn in Hörnum nichts zu tun und keine Gebühren zu erheben. Trauungen und Kindstaufen kamen sonst nicht vor, und Beerdigungen geschahen im Meer oder in der Abgeschiedenheit der Dünen. Zur Kirche gingen die Hörnumer Fischer nicht. Beichte und Ablaß sowie Heiligenverehrung waren ihnen vollends zuwider. Als eines Tages ein neuer Priester namens Georg nach Rantum kam, versuchte dieser mit Drohungen und Bannsprüchen die widerborstigen Fischer in die Kirche zu zwingen, doch als das nichts bei ihnen ausrichtete, versuchte er durch Schmeicheleien mindestens einige Opfer und Zehnte von ihnen zu gewinnen. Als der habsüchtige Priester sie nun wiederholt aufforderte, ihm statt des Geldes einen Teil ihrer gefangenen Fische zukommen zu lassen, schien es aber, als wenn die Fischer einlenken würden. Eines Tages nun kam einer der Fischer mit einem großen, schweren Sack auf dem Rücken zu Herrn Georg und sagte zu ihm, daß er ihn von seinen Kameraden, den Hörnumer Fischern, grüßen und ihm einen Teil ihres Rochenfanges bringen sollte. In großer Freude über seinen vermeintlichen Erfolg gab der Priester dem Überbringer einen Trinkpfennig und nahm den Sack in Empfang. Er öffnete ihn, nachdem der Fischer sich auffallend schnell wieder entfernt hatte. Allein – wie war er enttäuscht und erbittert! Der Sack enthielt nämlich lauter „Rochelsprotter", das waren Stacheln von Giftrochen. Soviel Schamlosigkeit hatte selbst Herr Georg den Hörnumern nicht zugetraut! Er sah, daß bei den Fischern mit Güte ebensowenig wie mit Drohungen etwas auszurichten war. Auf des Priesters Bitte hin wurden nun Vögte nach Sylt geschickt, um die halsstarrigen und unbußfertigen Fischer und Strandräuber dort zu bändigen. Zu dieser Zeit waren bereits auf Eiderstedt, Nordstrand sowie auf Föhr Land- und Strandvögte angestellt. Nur das abgelegene Sylt war bislang vergessen worden. So bekamen die Sylter auf Bitte des Priesters ihre ersten Vögte. Diese hatten jedoch einen schweren Stand, denn die Sylter, und besonders die Hörnumer Fischer, wollten ihnen nicht gehorchen.

In diesem Umfeld verbrachte der kleine Pidder Lüng seine Kindertage. Er war dadurch so widerspenstig und hartnäkkig von Charakter, daß er zu allem, was man von ihm verlangte oder worum man ihn bat, niemals ja, sondern immer nein sagte. Nur seiner Mutter, einem weinenden Kind, der darbenden Armut, dem Jammer und dem Elend der Menschen gegenüber konnte er nicht nein sagen. Da war es, als ob ihm das Herz vor Mitleid brechen müßte. Als Pidder größer wurde, half er beim Fischfang. In jenen Tagen blickte er eines Abends bei hellem Mondschein und mildem Wetter, in Gedanken vertieft, auf die Stätte, wo einst das Haus seines Großvaters gestanden hatte. Es war zu der Zeit, als der Priester Georg besonders ingrimmig gegen die Hörnumer wütete, als er veranlaßte, daß die Vögte kamen, welche die alten Freiheiten und Rechte der Sylter zu unterdrücken strebten. Da schien es Pidder, als ob eine weinende Gestalt händeringend auf dem Herdsteine des alten, verbrannten Hauses saß. Je länger er die Gestalt anschaute, desto bestimmtere Züge nahm sie an, desto mehr war er überzeugt, daß er ein wirkliches Wesen vor sich sah. „Wer bist du?", fragte er endlich. „Ich bin die Stavenhüterin. Wo rechtschaffene und freie Menschen wohnten, da bewache ich die Stätte, wo sie geweilt haben, damit der Ort nicht durch Lug und Trug, durch Unrecht und Unterdrückung entweiht werde. Oh, daß Jens Lüng noch lebte!" „Warum?", sprach Peter, „Jens Lüng war mein Großvater." „Ach", sagte das händeringende Weib, „möchtest du ihm ähnlich sein, zu wehren mit festem, männlichem Sinn dem Greuel der Verwüstung, der über Friesland immer mehr hereinbricht. Ach, möchtest du retten an Tugenden und Freiheiten, was zu retten ist, oder, wenn du - wie ich fürchte - nicht siegen kannst, im Kampf untergehen nach alter Weise. Lewwer duad üs Slaav!" Peter schwor, tief erschüttert: „Ja! Lieber tot als ein Sklave! Ich will in die Fußstapfen meines Großvaters treten, so gut ich's kann und verstehe!" Darauf verschwand die edle Stavenhüterin.

Jahre vergingen, Jahre des Elends und der Tyrannei, und Pidder Lüng zählte nun schon fast 26 Jahre. Da holte er für seine alte Mutter, die wie sein Vater besonders gern Grünkohl aß, eine große Kiepe Kohl von guten Freunden in Westerland. Nachdem die Mutter den Kohl am folgenden

Tage gekocht hatte, freuten sich alle drei auf dieses Gericht und saßen rings um den Tisch zum Essen. Da öffnete sich die Türe ihres Hauses, und es trat ein junger Mann in kostbarer Kleidung in die Stube. In seinem Gefolge waren der hinterlistige Priester Georg, der Landvogt der Insel und der Strandvogt von Rantum. Der junge Herr grüßte nicht, sondern sagte: „Wohnt hier das Gesindel, welches Gott und der hohen Obrigkeit trotzt?" Peters Mutter ließ vor Schreck den Löffel fallen. Peter selbst zerbrach den seinigen vor Wut und knirschte mit den Zähnen. Jakob Lüng besann sich und antwortete: „Wir sind kein gottloses Gesindel, wir sind ehrliche Fischersleute und niemandem etwas schuldig! Wer seid Ihr aber, der Ihr in das Haus eines freien Friesen einzudringen wagt – wie es scheint, nicht in guter Absicht?" „Wer ich bin, alter Trotzkopf, das will ich dir gleich zeigen. Ich bin von der Obrigkeit hierher gesandt und komme im Namen meines Herrn Vaters, des Amtmanns Henning Pogwisch in Tondern, um euch eures Ungehorsams wegen zu strafen und alles andere trotzige und hochmütige Gesindel auf Sylt zu bändigen. Ihr scheint hier noch keine Ahnung davon zu haben, welche Gewalt die Obrigkeit besitzt, noch wie ihr als Untertanen euch gegen sie zu verhalten habt. Das will ich euch lehren, ihr freien friesischen Kohlfresser, die ihr Abgaben mit Rochenstacheln zu bezahlen euch erfrecht!" Dem jungen Pogwisch überkam bei diesen Worten eine starke Anwandlung zum Husten und zugleich eine unwiderstehliche Neigung, seinem Spott und seiner hochmütigen Laune Luft zu machen: Er spuckte voller Verachtung in die Kohlschüssel der Friesen. Da war die Geduld des jungen Pidder Lüng, der bisher still geblieben war, zu Ende. Glühend vor Zorn stand er auf. „Wer in den Kohl spuckt, soll ihn fressen!", rief er, packte mit riesiger Kraft den Nacken des Pogwisch und drückte ihm das Gesicht in den heißen Kohl, bis der junge Tyrann erstickte. „Um Gott, was tust du?", schrie Herr Georg, und Jakob Lüng und seine Frau erblaßten. Da ergriffen die beiden Vögte feige die Flucht. Während der junge Pogwisch im Hause Jakob Lüngs sein Leben im heißen Kohl aushauchte, machten sich die mitgekommenen Fußknechte und Henker draußen über die hölzernen, galgenähnlichen Gerüste vor den Fischerhütten lustig, woran die Fische zum Trocknen aufgehängt waren. Spottend sagten sie: „Seht, da sind die Galgen für die Strandräuber schon fertig!" Dabei hatten sie die ungestalten, übel riechenden Fische und Rochen bereits heruntergerissen, um den Fischern des Ortes Platz zu machen. Doch diese ließen sich von einer Handvoll Landsknechte nicht so leicht ergreifen und hängen. Einer der Fischer rief: „Sie wollen wieder Abgaben haben. Wartet nur, wir bezahlen mit Rochenstacheln!" Die Fischer schnitten eiligst ihren Rochen die stacheligen Schwänze ab, und mit diesen gefährlichen Waffen fielen sie über die Knechte des Amtmanns her und jagten sie in die Flucht. Jetzt kamen in großer Angst die Vögte und der Priester aus dem Haus des Jakob Lüng. „Seid ihr blind oder könnt ihr sehen?", riefen die Fischer den Vögten zu. „Wir sind blind und geschlagen; wir sehen nichts!", antworteten die feigen Vögte. Doch der Priester schrie: „Ich verfluche euch in die Hölle, ihr Heiden!" „Aha", riefen die Fischer, „da ist ja auch der Herr Pater Gierig; den müssen wir blind machen. Doch nein, wir wollen ihm von den Rochenschwänzen die Zehnten geben. Hört Kameraden, seid nicht karg gegen ihn. Gebt ihm reichlich!" So riefen die erbosten Fischer einander zu und hieben mit ihren Rochenschwänzen dermaßen auf den habsüchtigen Priester ein, daß er bald darauf in Rantum an seinen Wunden verstarb.

Als der böse Amtmann Henning Pogwisch, der für seine Grausamkeiten bekannt war, erfuhr, daß sein Sohn von einem Hörnumer Fischerburschen getötet worden war, tobte er vor Zorn und rief alle Fußknechte, Soldaten und andere Diener aus dem ganzen Amte zusammen und sandte sie mit dem Befehl nach Sylt, jenen Fischerssohn, die Hörnumer Fischer und Stranddiebe tot oder lebendig nach Tondern zu bringen. Als diese jedoch auf Sylt ankamen, waren Pidder Lüng und alle anderen Fischer bereits auf das Meer entflohen. Nur einige alte, schwache Leute, unter denen sich auch Jakob Lüng und seine Frau befanden, waren noch in Hörnum. Als diese erfuhren, daß des Amtmanns Knechte gekommen waren, um die Hörnumer Aufrührer zu fangen, mußten auch sie sich zur Flucht rüsten. Jakob Lüng jedoch wollte nicht. Seine Frau sagte zu ihm: „Wenn die Häscher die Schuldigen nicht finden, so werden sie die Unschuldigen mitnehmen und büßen lassen. Wir müssen fliehen." „Ich mag nicht fliehen. Ich laufe vor niemandem davon", antwortete Jakob. „Aber lieber Mann, sie werden dir das Leben nehmen", sprach seine Frau. „Nun, laß sie, ich bin alt genug zum Sterben", war die Antwort. Als die Frau sah, daß ihr Mann sich nicht zur Flucht bewegen ließ, besprach sie sich mit den Nachbarn und ersann eine List, wie der alte Jakob zu retten sei. Am Abend klopfte es heftig an die Haustür. Die Frau des Jakob Lüng blies schnell die Lampe aus und öffnete. Im Halbdunkel traten Männer ein, die harte und rauhe Worte sprachen, welche Jakob nur teilweise verstand. Die Fremdlinge, die niemand anderes als verkleidete Hörnumer waren, nahmen mit leichter Mühe den alten Jakob gefangen, banden ihm die Hände und führten ihn samt seiner Frau aus dem Hause fort. So wurden sie in der finsteren, mondlosen Nacht schweigend durch die Dünen nahe dem Meer und dann längs des westlichen Strandes nordwärts geführt. Sie waren in jetzt in einer dem alten Jakob Lüng fremden Gegend. Mitten in einem verborgenen Dünenkessel stand ein altes, halb im Sande begrabenes Haus. Ein kleiner, buckliger Mann, den die Entführer in der Sylter Sprache anredeten und den sie Pua nannten, öffnete leise die Tür, ließ alle ein und schloß die Tür eilig wieder zu. So wurden Jakob Lüng und seine Ehefrau gerettet.

Bereits am folgenden Morgen stürmten die Knechte des Amtmanns nach Hörnum, fanden das Dorf aber verlassen. Nachdem sie das Haus Jakob Lüngs wie auch die übrigen Hütten der Hörnumer geplündert hatten, setzten sie alles in Brand. Darauf begannen sie alle übrigen Dörfer sowie jede verborgene Stätte der Insel zu durchsuchen. Sie forderten auch alle dem Amtmanne wohlgesonnenen Sylter auf, ihnen zu Hilfe zu kommen, jedoch waren solche nicht zu finden. So wollte man die Sylter zu solcher Hilfeleistung zwingen, diese blieben aber widerspenstig und rührten sich nicht zur Teilnahme an solch widerwärtigem Geschäft. Sie schienen vielmehr geneigt zu sein, allesamt die Rochenschwänze in die Hand zu nehmen, um sie, so wie es die Hörnumer getan hatten, zu gebrauchen und die herrschsüchtigen Fremdlinge damit zu vertreiben. Unterdessen kamen für die Dienstleute des Amtmanns, ehe sie auf Sylt irgendeinen Erfolg hatten, schlimme Nachrichten vom Festland. Als nämlich die Tondernschen Geest- und Marschlande von den Knechten des tyrannischen Amtmannes verlassen waren, weil diese auf Sylt weilten, begannen die Bauern sich auch dort zum Aufstand zu rüsten. Sie wollten keine überhöhten Steuern mehr bezahlen und machten sich daran, Tondern zu erstürmen, um den bösen Amtmann zu erschlagen. Der König, besorgt über den Unfrieden, wollte jetzt die Grausamkeiten des Amtmanns Pogwisch und seiner Söhne nicht länger dulden. Er sandte seinerseits Truppen nach Tondern und ließ den Amtmann absetzen und mit seinen Söhnen aus dem Reich vertreiben. ■

Sagen von A - Z

Ortsregister

Literaturhinweise

Müllenhoff, Karl.
„Sagen, Märchen und Lieder der Herzogtümer Schleswig, Holstein und Lauenburg", Kiel 1845.
Neuausgabe Schleswig 1921.

Ranke, Kurt.
„Schleswig-Holsteinische Volksmärchen", 3 Bände,
Kiel 1955, 1958, 1962.

Selk, Paul.
„Sagen aus Schleswig-Holstein", 7. Aufl.,
Husum 1985.

Schmidtke, Kurt-Dietmar.
„Die Entstehung Schleswig-Holsteins",
Wachholtz Verlag, Neumünster 1992.

Quellenhinweise

Hubrich-Messow, Gundula.
„Sagen aus Schleswig-Holstein".
Diederichs, 1993.

Trende, Frank.
„Schleswig-Holsteinisches Sagenbuch".
Boyens & Co, 2004.

Spiegel Online.
Kulturprojekt Gutenberg-DE
http://gutenberg.spiegel.de
„Sagen aus Schleswig-Holstein".

Impressum

Alle Texte, Bilder und Gesamtkonzept: Uwe Steffens

ISBN 3-940133-04-3

Satz und digitale Reinzeichnung:
Wiesinger Advertising Limited, Horst Wiesinger
gesetzt nach den Regeln der alten Rechtschreibung
Kritenbarg 12 · 22391 Hamburg · Tel.: 040 - 593 493

Druck: printmediapart GmbH & Co. KG
Hiberniastraße 8 · 45879 Gelsenkirchen · Tel.: 02 09 / 9 23 32-0

Gesamtherstellung: Eiland Verlag, Frank Rosemann
Friesische Straße 53 · D-25980 Westerland · Tel.: 0 46 51 - 93 62 12
E-Mail: info@eiland.de · Website: www.eiland.de

Der Autor

Uwe Steffens
geb. 1959 in Hamburg

lebt als freier Foto- und Mediendesigner in Hamburg und arbeitet für namhafte Agenturen und Verlage.
Im Eiland Verlag erscheinen seine fotografischen Arbeiten jährlich in den Kalenderproduktionen.